首都最美社工

宋贵伦　主编

红旗出版社

红旗出版社
RED FLAG PRESS
推动进步的力量

图书在版编目（CIP）数据

首都最美社工 / 宋贵伦主编．— 北京：红旗出版社，2019.12
ISBN 978-7-5051-4984-7
Ⅰ．①首… Ⅱ．①宋… Ⅲ．①社会工作—工作人员—先进事迹—北京
Ⅳ．① K825.1
中国版本图书馆 CIP 数据核字（2019）第 248562 号

书　　名　首都最美社工
主　　编　宋贵伦
出 品 人　唐中祥　　　　选题策划　盘黎明　刘险涛
总 监 制　褚定华　　　　责任编辑　毛传兵
出版发行　红旗出版社　　地　　址　北京市沙滩北街 2 号
邮政编码　100727　　　　编 辑 部　010–57274526
E – mail　hongqil608@126. com
发 行 部　010–57270296
印　　刷　北京卓诚恒信彩色印刷有限公司
开　　本　880mm × 1230mm　1/32
字　　数　180 千字　　　印　　张　9.75
版　　次　2020 年 1 月北京第 1 版　　印　　次　2020 年 1 月北京第 1 次印刷
ISBN 978-7-5051-4984-7　　定　　价　45. 00 元

序言：点赞首都最美社工

○宋贵伦

首都最美社工值得点赞！本书所收录的“首都最美社工”，是指北京市委社会工委等单位连续六届评出的63名“首都最美社工”和236名“首都优秀社工”的先进事迹。

“首都最美社工”及优秀社工的评选，与一个新节日及两个新机构有关。这个节日叫“世界社会工作日”，也称“国际社工作日”（简称“世界社工日”“国际社工日”）。这两个新机构就是中共北京市委社会工作委员会和北京市社会建设工作办公室（分别简称“北京市委社会工委”“北京市社会办”）。近几年，“首都最美社工”都由这两个新机构在这个新节日表彰。每年评选表彰10名左右“首都最美社工”、40名左右“首都优秀社工”。

世界社工日与北京市委社会工委、市社会办同岁，都诞生于2007年。2007年3月27日，在国际社会工作者联合会（LFSW）成立50周年之际，在该会主席大卫·琼斯博士倡导下，确定从2007年开始，暂定每年3月第三个星期二为国际社工日，经联合国批准后，就确定每年4月15日为国际社工日。其宗旨是弘扬社会工作精神，传播社会工作知识。当时，北京市委社会工委、市社会办正在筹备过程中，2007年当年10月报经中央批准，12月2日对外公开宣布挂牌成立。新机构成立之后开展的第一个活动，就是在2008年3月举办“国际社工日”纪念活动。从此开始，北京市委社会工委、北京市社会办每年举办“国际社工日”活动，并于当年启动了“感动社区人物”评选活动（每年一届），于2012年启动了“寻找首都最美社工”评选活动（由2016年开始每年一届改为每两年一届），2015年启动了“社会好人”评选活动（每月推荐，每年评选）。鉴于此，一大批北京社区榜样产生。

北京社区榜样的产生，源于北京市委、市政府对社区工作者的关心、重视和培养，源于北京市数以万计的社会工作者在学习和工作中锻炼成长。十年来，在北京市委、市政府领导下，在中国社会工作联合会指导下，北京市委社会工委、市社会办会同有关部门，紧紧围绕专业化、职业化方向一手抓政策引导，一手抓典型引路，坚持不懈地推动社工队伍建设，取得了显著成效，走在了全国前列。

十年来，除了宣传树立先进典型外，北京市在社会工作者队伍建设方面，做了十件具有里程碑意义的事情：

一、2008年，市委、市政府出台了包括《社区工作者管理办法》在内的北京市社会建设“1+4”文件，明确了北京社工队伍建设的大思路，随后陆续出台了一系列政策文件。

二、从2008年开始，积极响应民政部、人社保部的号召，每年组织社会工作者职业资格考试。截至目前，全市有3.23万人取得了资格证书，全市常住人口每万人拥有社工师

14.88人，位居全国首位。

三、从2008年开始，连续五次大幅度提高社区工作者待遇，十年提高十倍，平均每人年薪10万元，达到了本市社会职工平均工资水平。

四、从2009年开始，实施“大学生社工计划”，先后两年面向首都高校招聘了5000多名大学应届本科及以上毕业生，面向社会选聘、选任两万多名具有大专以上学历的工作人员，全市3.69万名社区工作者具有大专以上学历比例达到92.4%以上，平均年龄39.7岁。2009年，时任中共中央政治局常委、国家副主席习近平同志作出重要批示，对北京市实施大学生社工计划给予充分肯定和高度评价。

五、2009年在中国青年政治学院建立了首家“北京市社会工作者培训基地”。

六、从2010年起开始，实施“社会工作事务所建设工程”，鼓励支持符合条件的组织、企业和个人，兴办社会工作事务所。十年来，社会工作事务所从当时的18家发展到现在的624家。

七、从2010年起，利用北京社会建设专项资金购买专业社工岗位服务，每年拿出将近5000万元购买将近2000多个社工岗位服务。

八、从2012年开始，实施“万名社工培训计划”，编写了《社区工作者培训大纲》，出版了《北京市社区工作者在职培训教材》，将全市社区工作者整体轮训了一遍。

九、从2013年开始，实施社会工作专业硕士研究生培养计划，与北京城市学院、北京市委党校、国家行政学院合作，每年面向社区工作者和社会工作者定向招录在职研究生，提高了社工人才学历水平。

十、十年来，每年坚持对社区工作者、社会工作者进行系统培训，形成了系列和常态。

总之，在市委、市政府领导下，通过政策引导，大力推动了北京社会工作者队伍建设，使北京社会工作队伍专业化职业化水平实现了质的飞跃；通过典型宣传，营造了全社会重视社会工作者队伍建设的浓厚氛围。据不完全统计，截至2018年底，全市社会工作从业人员30余万人，专业社会工作人才6.28万人，社区工作者3.69万人。数以万计的北京社工队伍建设起来，数以千计的北京优秀社工成长起来，数以百计的北京最美社工涌现出来。他们已经和正在为北京社会建设、为国际一流和谐宜居之都建设贡献力量。他们是北京社工的榜样。我们应当为他们贺彩和点赞！

是为序。

2019年8月30日于北京师范大学

（作者曾任北京市委社会工委书记、北京市社会办主任11年，现为北京师范大学中国教育与社会发展研究院副院长，教授、博导，北京市社会建设促进会会长）

目录 CONTENTS

第一届首都最美社工及优秀社工

首届“寻找首都最美社工”活动2012年开展，共评选出10名“首都最美社工”、40位“首都优秀社工”。

一、首届十大最美社工（10名）

（一）洪水面前决不退缩的最美大学生社工郑枭枭

房山区拱辰街道渔儿沟村委会社工　郑枭枭

郑枭枭，2011年毕业于北京青年政治学院，是拱辰街道渔儿沟村的一名社工。他牢记自己是一名社会工作者，并且以身为一名渔儿沟村社工而自豪："社工是一个神圣而光荣的职业，通过帮扶他人，推动社会发展，我很荣幸为这个事业奉献自己的青春。"

2012年的7月21日，北京市遭遇了61年罕见的暴雨侵袭，房山区受灾最为严重。郑枭枭所在的房山区渔儿沟由于地理环境特殊等原因，受灾尤为严重。但是在灾难面前，他没有畏惧，更没有胆怯，主动请缨同防汛人员前去危险处排查险情。在救灾过程中，自己的小腿被积水里的杂物刮伤了一道一寸长的口子，被雨水浸泡后伤口溃脓，但他依然坚持。在灾后重建过程中，他主动帮助清理街道上的淤泥和垃圾。

从21日下午到27日，郑枭枭连续值班加班，一周都没有回过家，只拿方便面等食物充饥。与其他抢险队员不同的是，不仅要同抢险队伍一起参加一线的抗洪抢险，还要及时报道现场抢险、感人事迹以及受灾情况，并及时将信息以文字图片的形式进行整理上报，以便上级时时掌握一线情况。在村里积极组织为重灾区捐款时，作为社工的郑枭枭虽然工资不高，但他还是拿出了200元钱捐给了重灾区，在大灾大难面前，他尽到了一名社会工作者应尽的职责，以实际行动诠释着一名当代大学生的社会担当。

郑枭枭，一名刚刚参加工作的年轻人，在抗洪抢险工作中不怕苦不怕累，连续作战、任劳任怨，在灾难面前无所畏惧、勇于担当的豪情，诠释着青春无悔，以实际行动展现了当代大学生“社工”的精神风貌。

（二）不断探索创新实践的最美社区老书记成秉亮

西城区广外街道红莲中里社区　成秉亮

成秉亮，在广外街道红莲中里社区担任党委书记十余年。他热爱社区事业，积极探索创新，善于创造性地开展工作，热心为社区居民办实事、办好事，深受广大居民欢迎，是全市社区先进工作者。

他积极探索创新社区工作居民参与载体，丰富社区民主管理形式。根据本社区辖区特点建立了社区楼院党支部，并在此基础上成立了以社区楼院党支部、居民代表和楼门长三位一体的楼管会，增强了党员、居民的归属感和认同感，使社区服务功能和民主自治功能延伸到社区每个楼院，充分发挥了群众参与的主体作用。在推进社区建设的过程中，注重发挥居民主体作用，提倡尊重居民代表“六权”，在社区施行“六议、二监督”工作流程。推进了居民代表和居民代表大会在社区民主自治的作用发挥。

他积极探索创新社区工作居民参与载体，促进社区组织健康发展。注册成立了社区金色阳光协会，建立了“五个五”长效发展机制。2011年，协会孵化启动了“阳光工作室”项目，旨在集聚律师事务所、心理健康机构等社会力量，发挥社区“五老”即老领导、老党员、老街坊、老社工、老政法的作用，组建社区“阳光工作室”，探索实践社区人民调解+心理健康干预服务的和谐调解新形式，弥补社区专职人民调解员专业素质不足的短板，提升社区人民调解工作向“项目化、规范化、社会化、信息化、程序化、科学化”方向发展，促进社区全面和谐。

他积极探索创新社区协调机制，实现社区共驻共建共管。2002年，他组建了由社区党委、人大、政协、民警、城管、居委会、物业公司及驻社区重点单位负责人等组成的社区协调工作委员会。主要协调解决社区事务，平衡协调社区各组织间的关系。在社区层面形成了以社区党组织为核心，以社区协调机制为纽带的社区优势互补、资源共享、共驻共建、利益双赢的社区共建新格局。

（三）积极投身社会公益的最美专业社工郭昊

北京市西城区悦群社会工作事务所　郭　昊

郭昊，北京市西城区悦群社会工作事务所法人代表、总干事。她作为北京建筑工程学院第一批本科专业的全日制社会工作专业学生，将就业与专业相结合，扎根基层，从零做起，自主就业。郭昊多年来扎根社区，服务百姓民生，实践助人自助的社工理念及公益创业精神，做到了学以致用，成为该社工专业的翘楚。

2009年7月，在多方支持及帮助下，郭昊成立了北京市西城区第一家专业社工机构——北京市西城区悦群社会工作事务所。机构以北京建筑工程学院及香港理工大学社会工作专业的学术支持及人力资源为依托，定位于社区建设与专业社工服务。事务所深入分析了现阶段社区发展情况及百姓生活需求，推行了一系列针对青少年成长、扶老助残的社会服务项目。同时，事务所的发展也为增加大学生就业机会和方向提供了平台。

2011年2月21日，时任北京市委书记刘淇、市长郭金龙等一行到悦群社工事务所调研并视察工作。刘淇书记对事务所取得的成绩表示满意，还听取了社工为社区居民提供心理支持服务的具体事例。刘淇称赞事务所社工的心理辅导工作做得好，希望社工们坚持自己的理想，为社区工作提供更加专业的支持与服务。2012年5月24日，时任北京市委书记刘淇等一行再一次前往北京市西城区综合行政服务中心视察工作，并了解悦群社工事务所“‘分享碍·超越爱’残疾人社区康复项目”的开展情况。

（四）“身虽残障，心永坚强”的最美社工李楠

北京市朝阳区望京李楠社会工作事务所　李　楠

李楠，女，中共党员，身体高位截瘫，朝阳区肢残人协会主席、望京街道残联党总支副书记，从事残疾人工作、心理咨询服务和社区志愿服务等与社会工作相关的事务，具有社会工作师职业证书、国家二级心理咨询师等资格。“身虽残障，心永坚强”，这是李楠的人生信条。2003年的一场车祸让25岁的李楠不得不与轮椅为伴，然而现实的残酷并没有磨灭她的斗志，在残疾人温馨家园的生活让李楠重拾自信，她把帮助残疾人作为自己新的事业，创建了李楠社会工作事务所，开展了残疾人服务、心理咨询服务、志愿服务和资讯类服务等近三十个项目，帮助更多的残疾人重获新生。“支持我从头再来的是‘爱’，现在，用感恩回报他人，用公益服务社会，用爱心灌溉生活，已成为我的人生目标。”李楠如是说。

2008年9月3日，她作为唯一一名残疾人代表，参加了全球网络直播的“北京市残疾人事业发展及温馨家园建设成就情

况”新闻发布会，向世界宣传我国残疾人事业的发展状况。据统计，2008年8月至10月，李楠先后接待了来自19个国家的200多名中外运动员，圆满完成了国内外10多家主流媒体的参观交流和接待任务。

2009年，花家地南里温馨家园被国务院残工委评为“残疾人之家”，这也是北京市唯一一家获此殊荣的温馨家园。

2010年1月31日，李楠参加了时任国务院总理温家宝就改进政府工作报告而召开的基层社区居民座谈会，所提建议被采纳并写进政府工作报告，其中一项建议已于当年6月1日在北京市率先得到落实，800余名脊髓损伤工伤职工直接受益。

（五）贴心为居民服务的最美社区副主任钱世珍

朝阳门街道大方家社区居委会　钱世珍

钱世珍是2000年考入东城区朝阳门街道开始从事社区居委会工作的。2007年4月，她来到大方家社区居委会任社区副主任、妇联主席，负责妇联、青少年、环境、物业等工作。她先后组建了大方家社区“大众姐妹图书会”、大方家社区“和绚编织社”、世纪珍缘——婚姻介绍温情小屋、大方家社区“亲情姐妹聊天室”、大方家社区“公益大课堂”等服务项目为社区妇女服务。为更好地起到服务社区妇女的效果，她在2008年3月搭建起为社区妇女服务的平台，建立了大方家社区“姐妹驿站”，并得到区、街道领导的高度认可。2009年10月，又开展了为失独家庭服务的大方家社区“‘星光温馨港湾’关爱小组” 服务项目，并从本社区的失独家庭覆盖到全街道的30多人。

大方家社区是一个危改待拆迁社区，是一个有6084人的大社区，外来人口数占社区实住人口的半数，外来务工子女多，孩子满街跑、乱扔石子的现象时有出现，常住的社区居民对此意见颇深。为此，钱世珍对大方家社区进行了充分的调查研究，有效地把社区的青少年组织起来，于2007年6月，组织开展了“七彩假日”学生系列活动。社区“七彩假日”活动平台，充分发挥了社区教育的资源，对同学们的学习、体验和成长产生着积极的影响。目前，大方家社区“七彩假日”成为社区青少年参与社区活动的平台和基地，先后多次在《北京日报》《法制晚报》《新京报》、北京电视台、千龙网等不同媒体上进行了报道。多次被市、区评为 “社区文明小使者”优秀组织奖。她个人被首都精神文明建设委员会办公室、北京市教育委员会、共青团北京市委员会、北京市妇女联合会评为“社区文明小使者”主题教育实践活动先进个人。大方家社区“七彩假日”学生系列活动被纳入市、区青年汇。

（六）以平常心做好平常事的最美专业社工苏锋

北京市丰台区中鼎社会工作事务所　苏　锋

以一颗平常的心去做公益，力所能及地去帮助需要帮助的人，这是中鼎社会工作事务所负责人苏锋的做事理念，他先供职于“在行动”社工事务所，后又自己创立中鼎社工事务所，他把自己学到的专业知识应用到社会工作中，用社工之心谱写无声大爱。

2010年7月，朝阳区“在行动”社工事务所成立，苏锋担任事务所的法务部主任，带领事务所社工和志愿者律师为农民工朋友进行法律咨询和法律援助。2011年12月，他在丰台区创办丰台区中鼎社工事务所，同年12月底中鼎社工事务所和北京政法职业学院共同合作开展丰台区独居老人法律社工服务项目，作为该项目组的法律组的负责人，负责独居老年人的个案咨询问题解答。2012年3月，中鼎社工事务所开展了一街一社工服务项目、四点半课堂社工服务项目、农民工子女增能计划服务项目，创建“优乐奇”儿童公益书屋，成为城市准留守儿童阅读社工服务项目，积极开展孤独有我——丰台区独居老年人精神慰藉社工项目。

“7·21”特大暴雨期间组建社工心理服务组，参与了丰台区长辛店灾区救灾活动，他和两名专业社工组成的调研组到达后立即对长辛店灾区开展了心理救援工作，为长辛店居民提供灾后心理辅导，为灾区居民制定有自己特色的专业救助方案：中鼎社工将采用一对一地进行心理干预和疏导，对有孩子的家庭及孤寡老人进行专业社工心理疏导工作，鼓励其早日进行生产和生活。中鼎社会工作事务所社工为了消除北京特大暴雨给灾民造成的阴影，增强生产、生活信心，搞好灾后重建撤点工作，做了好多心理重建工作。

（七）最美老年心理服务社工杨萍

北京市寸草春晖老年心理服务中心　杨　萍

2003年，杨萍创办了北京市寸草春晖老年心理服务中心，开始了心理辅导和助老心理服务工作。

2008年8、9月间，北京召开奥运会、残奥会。北京市寸草春晖老年心理服务中心在地铁10号线北土城站C1出口与地铁8号线的转乘区设立服务站，该站点服务区日人流量平均20多万，志愿服务41天，累计3万多小时，并成功救助严重外伤、昏迷人员4人，为北京奥运会、残奥会做出了奉献，荣获中共中央、国务院颁发的“北京奥运会、残奥会先进集体”光荣称号。2009年，北京市寸草春晖老年心理服务中心提出了“以需求为导向”的“心理框架下的为老服务”，并结合北京市的“九养政策”，进入社区提供需求导向服务。以心理技能为依托，开展精神关怀服务。她还在北京市创办了社区心理咨询室，服务对象10万余人。

几年来，她带领团队为老人服务10000多人次，圆满处理心理危机干预事件11起。开展科普讲座、心理现场咨询500余场。杨萍先后被评为“北京市社团先进个人”“北京三八红旗奖章”“全国孝亲敬老之星”称号。

同时，在她的带领下玉桥东里社区以“三区一门”党建工作模式，抓好楼门文化品牌工程，把发现和树立典型结合起来，把培养骨干和广泛动员群众结合起来，使社区楼门文化建设迅速开展起来并及时推出“康乐之家”“梅苑新春”“和美花香”等精品楼门，2009年，玉桥东里社区被评为“首都文明社区”，荣获“北京市魅力社区风采奖”。她先后获得“北京市调解能手”“北京市孝星”“通州区优秀共产党员”“通州区优秀社区居委会主任”等荣誉称号，同时连续四年荣获通州区优秀党务工作者称号。

（八）最美社区工作老模范张改荣

朝阳区三里屯街道白西社区　张改荣

张改荣是北京市朝阳区三里屯街道白家庄西社区党委书记。自2000年参加社区工作以来，她认真履行岗位职责，事事处处起模范带头作用。13年间，曾经历了南三东、南三西的合并，南三里的拆迁，三村、北三里的合并及新北三里的施工建设，每到一处，她都用自己的行为感染着大家，带出了几个团结的班子，她所在的社区几乎年年都被评为先进基层党组织和先进居委会。

社区的事杂，工作烦琐，她从来都是用热情、细心、贴切的服务接待每一位访者，处理好居民中发生的每一件事。平时她最离不开的两样东西：一个是记事本，一个是血压计。记事本上，她记录下了每天居民来电来访，需要联系解决反映的事情；血压计是她联系居民群众最好的方法和见证。她创新工作思路，在接待居民和解决问题时办法灵活多样，受到居民的好评。她还常常把工作中总结的经验和教训教给身边的年轻社工，让年轻社工少走弯路，尽早进入状态。她常说："领导就是标杆、就是模范，要处处事事起带头作用，在社区工作不但要用脑，更要用心。"

由于她的突出表现，在创先争优活动中，她倡导的"关爱老人、邻里守望活动"获得北京市创先争优活动优秀项目。多次被评为朝阳区优秀党员、优秀党务工作者，2007年被评为朝阳区第一批和谐社区带头人，2011年被评为北京市社会领域先进党务工作者，2006年被选为朝阳区第十届党代表，2011年被选为朝阳区第十五次人大代表，2012年被朝阳区纪检查局聘为特约监督员。2011年10月被中国社工协会社会工作委员会评为"全国社区社会工作之星"。

（九）最美北京社区工作领军人才张雪琛

海淀区万寿路街道铁家坟社区居委会　张雪琛

张雪琛同志在社区工作十年来，从一名普通的社区委员到现在的社区党委书记和主任一肩挑，始终坚持扎根社区，用自己“顾大家、舍小家”的奉献精神为社区服务。在社区工作中，她创新提出“居民同心户联网”的网格服务模式，将社区工作由以往的专人单项、一岗一责的工作概念和模式向一专多能、一岗多责转变，各部门有效联动，拓展了社区服务的内容和空间，拉近了社区工作人员与广大居民的距离，切实解决了联系服务群众“最后一公里”问题。她在社区成立了“i–梧桐”党员志愿服务先锋队。先锋队根据社区党员志愿者的分布、专业特长以及各区域实际情况和居民群众的不同需求进行服务分工，成立了蓝天环境服务队、贴心助老服务队、微笑摄影服务队、平安家园服务队、巧手编织服务队等五个类别的党员志愿者服务分支队伍，为群众办好事、解难事、办实事。

2010年是十年一次的人口普查年，为全面保质保量、准确保障地做好民生人口统计工作，张雪琛主任不能照顾发烧生病的孩子，在社区连续住了28个日日夜夜，入户、统计、登表、录入她处处以身作则。最终社区以优异的成绩顺利、圆满完成了这次普查工作。“7·21”特大暴雨中更是不畏艰险组织社区工作人员冲在了第一线，全力保障辖区拆迁地区居民的安危。

张雪琛曾先后获得区级、市级和全国“最美社工”称号，曾获“北京市首批社会工作领军人才”荣誉。先后被评为万寿路地区“公德之星”、“2012—2014年度北京市人民调解工作先进个人”和“2014年度海淀区调解员之星”等。

（十）最美社区带头人张雪虹

顺义区光明街道滨河小区第二社区居委会　张雪虹

张雪虹，2003年开始从事社区居委会工作，尽职尽责的工作态度、廉洁奉公的工作作风使她逐步走上了领导岗位，成为顺义区滨河等二社区党支部书记兼居委会主任。近十年来风风雨雨的社区工作，使她成为一名经验丰富、专业过硬的社工。她始终带着饱满的热情、奋进的激情开展着社区服务工作，并以“舍小家、顾大家”的行动，默默地为社区建设做贡献，深受居民好评与称赞。

心里装着群众事。“心装千家事，诚解万户难”是张雪虹书记在工作中一贯坚持的原则。她为社区居民建立了户档案，对全社区1000多户居民的情况都了如指掌，谁家有困难，谁家有难事儿，她都会记在心里想办法去解决。张雪虹为家庭困难且身患疾病的党员送去慰问金，为低收入且丧夫的家庭申请经济救助，为劳教释放人员提供就业机会，为不和家庭解决矛盾纠纷，更经常为空巢老人做家政服务。

舍弃小家勤为民。张雪虹早已把社区当成了家，把居民当成亲人。张雪虹坚持日常安保巡逻工作，努力为居民营造平安社区除夕夜，家家团圆，张雪虹自从当上社区工作者就没在家中过个团圆节，总是带头和社区工作者们一起值勤，有时凌晨3点她才拖着疲惫的身子回到家中。无论天气多恶劣，她总是最先上岗最后走，然后再拖着疲惫的身体去照顾病床上的父亲。这种“大爱”无时无刻不在张雪虹心里扎根，激励她不断前进。

二、首届首都优秀社工（40名）

1.**赵跃桀**，2000年来到东城区和平里街道小黄庄社区工作，2005年，为解决社区空巢老人的居家养老问题，赵跃桀与时年66岁的齐文真老人一起研究讨论成立了以“以老助老，以老敬老”为主旨的社区志愿服务组织“爱心大姐服务队”。2005年至2011年为老服务达到近2600小时，服务项目不但包括居家服务，更包含了精神关怀，实现了一揽子式的同步，受到空巢弱势老人的欢迎，成为社区公益志愿服务的一面旗帜。赵跃桀2009年开始在社区班子内试行“11346工作法”：围绕一个中心（社区党委）、确定一条主线（和谐社区建设）、3套班子团结一致（党委、居委会和服务站）、划分4个划片（现为5个网格）、深入贯彻落实6大委员会为民服务的职能。此方法使不同的资源和能量能够集中在“条块”内释放，高效处理社区事务。赵跃桀2012年获得“首都优秀社工”荣誉称号。

2.**安娜**，2009年创立了仁助社会工作事务所，致力于青少年领域的全方位服务。安娜和同事们为西城区提供了首个公办外来务工子弟学校的驻校社工服务、首个职业高中驻校社工服务、首个社区少年儿童能力培养工作坊、首个司法专职社会工作者介入未成年人犯罪嫌疑人帮教服务等。

2012年，仁助社会工作事务所负责的北京市首家附条件不起诉未成年人考察帮教中心——“新起点”实践中心成立。入驻学员主要是具有北京户籍的、非在校生未成年犯罪嫌疑人，或具有外地户籍的、以北京为经常居住地的非在校生未成年犯罪嫌疑人。

截至2013年6月，仁助社工事务所司法项目组针对涉罪未成年人，共完成75人次实地社会调查，为北京市西城区人民检察院出具社会调查报告百余份，完成考察帮教工作10人次，为探索司法社会工作模式提供了真实有效的参考数据。

3.**曹珊珊**，工作于鲁谷社区永乐西北居委会。该同志担任展龙楼宇社会工作站站长期间，利用商务楼宇的工作特性，以“展龙紫罗兰驴友俱乐部”为依托，开展了长途步行活动、交友联谊会、“纪念建党90周年党史知识竞赛”、“唱支红歌给党听”等活动，所管辖的华教联合党支部被评为2011年的“石景山区优秀基层党组织”。

2012年3月，社区“两委”换届选举，曹珊珊同志当选为永乐西北党总支副书记、居委会副主任职务。她充分利用“三会一课”的平台，创新工作方式，采取“一帮一”活动，让老党员能够360度对新党员采取“传”“帮”“带”的方式进行思想教育。利用积累的经验，组织开展了形式多样、党员群众喜闻乐见的读书会、趣味运动会等，通过石景山区科协邀请了石景山医院各科室主任医师到社区，举办“健康社区行讲座”、“棋坛华山论剑　展现博弈风采”棋牌比赛、“激情夏日　欢乐一起来”消夏联欢会等活动，丰富了党组织生活。

4.**陈静**，2011年大学硕士毕业后，来到昌平区沙河镇南一社区工作，广泛学习社区基层干部群众好的工作经验、工作方法和工作精神，切实增强了为老百姓办事的能力。对社区工作熟悉后，协助领导完成了党务公开工作的前期筹备工作，参与编写了党务公开工作实施方案和公开目录，对社区党务工作和居务工作有了更全面和深刻的了解。2012年6月20日，陈静精心准备的“社区英语大讲堂”“法律大讲堂”正式在小区开课了。开讲当天，吸引了社区不少居民参与，大家跟着她一句一句读英语，书声琅琅。她采用课堂互动的形式，深入浅出，激发了大家浓厚的学习兴趣，大家都说这种学习方式好，容易听懂。经过不懈的努力和踏实的工作，在社区领导和同事们的帮助下，她用实际行动践行着为人民服务的精神，实现着自己朴素的梦想。陈静2012年获得“首都优秀社工”荣誉称号。

5.**崔素华**，丰台区和义街道西里第一社区党委书记。该同志于2003年3月经过北京市统一招考成为一名社区工作者，丰台区第十一次党代会代表，曾担任社区居委会副主任、主任，现任社区党委书记。曾从事计划生育工作和居委会全面工作，现主抓社区党建全面工作。曾两次获区计生先进个人、北京市先进居委会主任、优秀社区专职工作者、奉献奥运好市民、市优秀科普宣传员、市第六次全国人口普查先进个人和首都素质教育优秀学员。担任社区主任期间所在社区获北京市先进社区、北京市和谐118示范社区、北京市健康社区、北京市优秀科普型社区、首都文明社区，“生活窍门百点通”获第三届北京市魅力社区风采奖、丰台区和谐3.20示范项目奖等。

6.**范缜**，北京市丰台区九万里社会工作事务所专业社工。在社工事务所工作中，该同志认真学习社会工作专业知识理论、技能，在实施社会工作服务项目过程中熟练运用专业社工技能，进一步提高了项目实施成效。

长期以来，该同志热心公益活动，先后在北京星星雨孤独症研究所、北京慧灵智障人士社区化服务机构、瓷娃娃关爱协会和PKU（苯丙酮尿症）联盟等单位以志愿者的身份参加公益活动，为孤独症患者、智障人士等特殊群体提供关怀，产生了良好的社会反响。在挚爱婚姻家庭社会工作事务所、九万里社会工作事务所任职期间，该同志参与“一街一社工”等项目的策划、实施，与街道、社区沟通交流，制订了符合社区居民需求的项目实施方案和计划，在项目实施过程中充分运用社会工作专业技能，研究解决项目实施过程中的困难和问题，提升了项目实施效果。

7.**方彩芹**，平谷区滨河街道建西社区任党支部书记、居委会主任、服务站站长，她作风正派，办事公道，根据辖区实际，创新工作方法，确定了建西社区工作的指导思想、服务宗旨、工作承诺、奋斗目标、实施办法。她带党支部一班人建立党建联席会议制度，推行社区党员担任楼（单元）长，为无职党员设岗定责，实行党员接待日和首问责任制，广泛开展党员“四员促发展，四岗做奉献”活动，制作了便民联系卡和便民手册。她还坚持深入社区，倾听居民呼声，了解居民意见与需求，为困难群众排忧解难，是弱势群体的“贴心人”。她曾获北京市创先争优优秀共产党员、北京市先进居委会主任、首都精神文明建设优秀宣传员、北京市优秀食品安全监督员、北京市物业纠纷优秀调解员等荣誉，2012年获得“首都优秀社工”荣誉称号。

8.**韩会敏**，北京农家女文化发展中心副秘书长兼打工妹之家负责人。2002年4月至2002年8月在北京农家女文化发展中心下属部门打工妹之家担任全职志愿者，为来京务工女性提供志愿服务。2002年9月至2009年10月正式成为打工妹之家全职工作人员，负责执行北京家政工支持网络、单亲母亲互助网络等项目，主要针对家政服务员开展参与式培训、家政工互助小组活动、家政工个案咨询、家政工政策倡导等工作。2009年10月至2010年12月被民主推选为打工妹之家负责人，负责打工妹之家各公益项目的管理和员工督导工作。2011年1月至今担任北京农家女文化发展中心副秘书长兼打工妹之家负责人，负责项目管理和员工督导。她自大学毕业后一直在北京农家女文化发展中心打工妹之家从事进城务工女性的社会工作，她执着于社会公益，立志毕生为社会建设事业做出贡献。韩会敏2012年获得“首都优秀社工”荣誉称号。

9.**郝帆**，于2006年3月开始从事社区工作，2011年任双井街道九龙社区居委会副主任，是双井地区从事社区工作时间最长的一名“80后”。在社区工作岗位上，他通过自己的一言一行，影响和带动着身边的党员和群众，在创建和谐社区工作中实现着自己的价值，践行着“爱国、创新、包容、厚德”的北京精神。

作为一名退伍军人，该同志在平凡的社区岗位上认真履职尽责，爱岗敬业，无私奉献，通过岗位的历练提升了自己的综合素质和能力。除了在工作中发扬实实在在、脚踏实地的精神外，该同志还积极创新社区服务方式，提高社区服务成效，取得了良好效果，获得社区领导和居民认可。

为了丰富社区居民文化生活，该同志坚持每年在社区开展京剧表演专场，几乎场场爆满，200个座位总是座无虚席，吸引了很多中老年人参加，全社区的8200户居民受益。

在双井街道文明城区创建工作过程中，郝帆同志带领社区居委会干部员工加班加点，查遗补漏，从全方位多角度推动社区整体建设，社区治理成效明显提升。

10.**胡素君**，2003年分配在太阳宫社区工作，现任社区书记、主任。该同志积极培育社区文化，打造“太阳宫社区快乐文苑”文化活动阵地，组建了太阳宫社区“快乐阳光合唱队”“快乐民乐坊”“快乐民族舞蹈队”等社区文化团体，为居民们打造快乐的平台，营造快乐的生活氛围；根据居民的需求，相继组建了太阳宫社区“小棉袄”献爱心志愿服务队、“快乐老妈”志愿服务队、“环境保护”志愿服务队、“开心老伯”便民志愿服务队、“快乐小使者”志愿服务队等8支志愿服务队；开展了“特困精神家园”“爱心帮扶”“青少年成长辅导”“就业指导”等系列特色服务，受到社区居民的普遍认可。该同志先后被评为“北京市优秀社区居委会主任”“北京市老龄工作先进个人”“朝阳区人民调解工作先进个人”等。所在社区也获得了“北京市先进社区”“北京市敬老爱老为老服务先进单位”“朝阳区创先争优先进基层党组织”等荣誉。

11.**胡岩山**，2006年担任怀柔区泉河街道北园社区党总支书记、居委会主任以来工作业绩突出，其所在党总支自2007年至2011年连续五年被街道党工委评为“五好党（总）支部”。

规范社区党员管理，创造性地建立了“党员证”管理模式，为加强社区党员管理，更好地服务社区居民搭建了平台。他工作中开拓创新，解决无物业小区管理问题。社区自2007年开始创建了“自治+托管”无物业小区管理模式，解决了社区19栋楼无人管理的难题。

其先进经验在《北京业主周报》上刊登。创新形式，服务群众。社区于2008年建立了怀柔区首个建筑面积300平方米的社区便民小市场，方便周边群众生活。社区组建了“北京红星艺术团”注册并取得演出资质，是怀柔区首个社区层面具备演出资质的团队，极大丰富了社区居民的业余文化生活。自筹资金5万元，为社区补路和铺设硬化地面1000多平方米，极大改善了社区环境卫生状况。此举深受社区广大党员群众的认可和拥护。胡岩山同志被评为2010年北京市先进社区居民委员会主任；2012年6月被评为北京市社会领域创先争优优秀共产党员。

12.**焦秀梅**，顺义区马坡花园第二社区党支部书记、居委会主任、服务站站长。从事社区工作六年，长期坚持爱在社区、心系居民、竭诚奉献，处处起到党员先锋模范作用。先后获得顺义区“群众心中的好党员”、社区志愿服务“全国奉献之星”、“三八红旗奖章”等荣誉称号。

面对居委会烦琐的工作，焦秀梅同志表现出良好的工作态度与拼搏精神，扎实开展社区各项工作。她工作中大胆实践，通过挖掘社区人力资源优势与社区居民文化需求形成有效对接，开展文化“七日乐”活动，拉近了与居民心灵的距离；她定期走访社区空巢老人、老党员、残疾人、特困户等，及时了解他们的生活情况和需要，做群众贴心人，几年来共计走访社区弱势群体达800余户次；她以“道虽通不行不至，事虽小不为不成”作为人生信条，千方百计为群众办实事、解难题、做好事，她用真心、真情、真爱对待每一位居民，同时也赢得了居民的信任和拥戴，被居民亲切地誉为“小区总理”。

13.**李玉霞**，现任北京市门头沟区东辛房街道西辛房社区党支部书记、居委会主任。曾多次被评为市、区两级先进社区工作者，是门头沟区十三、十四、十五届区人大代表。

抓好组织建设，党员发挥模范作用。她每月都组织党员学习党章、党的十七大报告、政府工作报告等。她组织党员开展了“一个党员、一面旗、党员奉献在社区”活动，实施党员“双向承诺制”、党员认领责任岗、党员义务服务队，参与了社区环境卫生、治安值勤、护林防火、为灾区捐款捐物等活动。

立足本职，全心全意为居民服务。她带领社区成立了“社区志愿服务队”，在社区形成了“老有所养，残有所助，孤有所靠，难有所帮”的良好风尚，为了使居民群众在困难中及时得到帮助， 强化治安管理，保一方平安。多年来，她总是在重大节日和重要时期，对重点人和重点事施行“五早一抓”的工作模式，即“早摸排、早发现、早做工作、早做安抚、早行监控，抓住一切时机进行稳控”，依托这一工作模式，有效地维护了地区稳定，保了一方平安。

14.**栗书平**，自2002年12月担任清源街道兴华园社区党支部书记兼居委会主任以来，受到了上级领导和社区居民的高度认可。

积极开展社区为老服务。在她的倡导推动下，社区建立了一系列养老敬老组织。建立了老人邻里中心，以每栋楼为单位，方便老人之间互相照顾。建立了老人活动中心，筹建了图书室、书画室、棋牌室、理疗室、聊天室、健身室等，组建了合唱团、秧歌队，设立了戏曲活动日，丰富了业余文化生活。建立了老人日间护理中心，由社区党员与老人结成帮扶对子，经常联系，随时照顾。建立了老人关怀中心，由物业、居委会、辖区单位、医疗服务点、便民服务点共同负责养老敬老工作。以项目的形式创立了老人“金话筒”，融解了老人的孤独与寂寞。

她在社区创建了北京市首个倾诉室，搭建信息沟通的平台。几年来，调解社区纠纷矛盾700余起，其经验在全国司法会上做经验交流。先后获得了首都精神文明奖章、全国绿色社区创建先进个人、北京市十佳人民调解员称号；2008年、2011年被评为全国优秀小巷总理、北京市先进居委会主任、北京市三八红旗手。

15.**卢淑娟**，延庆县（现延庆区）百泉街道办事处国润家园社区党支部书记、居委会主任。组织成立“社区巾帼爱心扶助队”，妇女志愿者负责与空巢老人、残疾人结成一帮一扶助对子，使社区空巢老人和残疾人得到了关爱。组织成立“爱相随”巾帼志愿者协会，妇女志愿者承担起社区空巢老人、残疾人的照料任务。

为规范社区管理，推进社区自治，组织成立了老年协会、计生协会、残疾人协会和计生宣传队、文体活动队、治安巡逻队、卫生管护队，有131名志愿者担任了楼门长，建立了由社区干部、志愿者组成的楼门、街巷三级信息树服务管理网络。

先后荣获“北京市三八红旗奖章”“第四届首都中国十杰提名奖”及“北京市五星级社区志愿者”“延庆县十大道德模范”“北京市万名孝星”“北京市创先争优优秀共产党员”等荣誉称号。

16.**马绍辉**，房山法院未成年人审判庭副庭长（主持全面工作）。她热爱岗位工作，理念先进、勇于创新、业务精通、综合素质优、管理能力强，是未成年人司法审判及犯罪预防战线上的排头兵。在马绍辉同志的倡议与推动下，房山区各单位多方联动，试行了“未成年人与成年人共同犯罪案件分案起诉”制度，在庭审过程、定罪量刑等各方面对未成年人进行区别对待、特殊保护。马绍辉带领未审庭与房山区20余所学校建立法制共建关系，她担任着十几所学校的法制副校长或法制辅导员职务，2004年以来她共宣讲法制讲座73场次，编写了《学校法律援助》一书，极大地促进了未成年人法制教育的进程。马绍辉作为一名司法工作者，正以她对孩子的关爱，对工作的投入，对社会的大爱，为迷途孩子点亮心灯，让凋零的花朵再绽新蕾。也许，“让祖国的未来更加美好”这句最简单的话语，能够最贴切地代表她的赤诚之心。马绍辉两次被评为北京市法院先进法官，曾获市“关心未成年人先进个人”、“少年审判工作先进个人”、北京市“百名优秀法制校长”等称号，2012年获得“首都优秀社工”荣誉称号。

17.**秦瑛**，工作于回龙观示范残疾人温馨家园。2010年10

月负责回龙观示范温馨家园和职业康复站日常管理工作，2010年5月组建昌平区回龙观爱心志愿者服务队。2010年，秦瑛在昌平区回龙观镇政府的大力支持下，创建了回龙观示范温馨家园和残疾人职业康复站。康复站平时的活动内容丰富多彩，长期以来得到残疾小朋友及其家长的认可。秦瑛为康复站学员开展生活技能培训课程，组织多项社会活动，成功举办了第21和第22个全国助残日宣传活动及爱心文艺演出，在助残方面有良好的社会影响。秦瑛发起成立了回龙观爱心志愿者服务队，开展“心灵呼唤”回龙观残疾人温馨家园支教服务；组织北京联合大学和财经大学的学生开展了支教活动，此举对于大学生起到了社会实践的作用，对温馨家园来说丰富了教学课程。秦瑛2012年获得“首都优秀社工”荣誉称号。

18.**屈玉环**，毕业于北京大学社会工作专业，毕业后在东城区东华门街道工会工作。四年间，她将社会工作专业理念灵活运用到了工会工作中，逐渐摸索出了一套行之有效的工作方法。在街道工会主席带领下，屈玉环同志与同事们共同努力，东华门街道工会工作蓬勃发展，企业建会率、职工入会率逐年攀升，赢得社会各方的好评。她还是一名富有爱心、积极投身公益事业的社会工作者，为白血病同事和辖区困难职工开展捐款活动，“儿童村”、福利院都有她的身影，其事迹曾被《和谐东华》报纸和千龙新闻网报道。屈玉环同志连续三年被评为“东城区工会优秀大学生助理员”，2011年获得“北京市优秀工会工作者”光荣称号，2012年获得“首都优秀社工”荣誉称号。

19.**宋淑贤**，自2003年5月至今一直担任东城区清水苑社区党委书记兼居委会主任。为了拉近居民间的距离，宋淑贤组织居民开展了“百人红歌联唱”“九九重阳·金婚庆典”活动，并带领大家参观科普教育基地，举行“低碳生活、绿色社区”等大型公益活动。同时，她还在28个楼门建立了“百姓文化园”，在步行街建立了“畅心园”“童乐园”等便民服务设施。

她先后被评为全国绿色社区创建活动先进个人、全国社区环境圆桌对话项目先进个人、北京市三八红旗手、北京市先进社区居民委员会主任、北京市优秀思想政治者、北京市第六次全国人口普查先进个人、北京市“首创公众参与京城蓝天行动”先进个人、东城区群众信得过的社区党组织书记、东城区群众信得过的社区居委会主任、东城区2010—2012年创先争优优秀共产党员、东城区优秀社区综治委主任、2011年度东直门街道最佳社区综合工作站站长等荣誉称号。

20.**孙博**，现任石景山区八角街道北路特钢社区党委书记、主任。多年来，她扎根社区，潜心钻研，用自己的双手在社区谱写着青春赞歌，用北京精神践行社区工作者“助人自助，服务至上”所特有的魅力和风采。她立足社区实际，创新党员服务社区工作模式，坚持发挥社区党员优势，组建“金色亲情服务队”，在平凡的社区工作岗位上，带头履行一名社会工作者的义务和责任，践行着一名共产党员对社区工作的承诺，打造了为民服务的品牌。孙博2012年获得“首都优秀社工”荣誉称号。

21.**孙春玲**，现任北京市平谷区王辛庄镇总工会服务站站长。自2009年10月从事工会社工工作以来，她爱岗敬业，踏实工作，任劳任怨，以饱满的工作热情、扎实的工作作风、求实的工作态度、进取的工作精神，恪尽职守，履行职责，得到了广大干部和职工的一致好评。2011年，被平谷区总工会授予“优秀社会工作者”荣誉称号。2012年获得“首都优秀社工”荣誉称号。

22.**王明贵**，1982年10月入伍，2000年转业复员至丰台区大红门东街社区，现任社区党委书记、主任。

王明贵在部队期间历任战士、班长、军校学员、营房管理助理工程师，多次立功受奖，1997年被评为首都绿化美化积极分子，近20年的军旅生涯，造就了他刚直、正义、敬业、无私的工作作风。他团结和带领社区一班人，爱岗敬业、无私奉献，所在社区多次被评为北京市先进社区、北京市和谐社区示范单位、首都军警民共建先进单位等多项荣誉称号，他个人也多次被评为市、区、街优秀共产党员、先进个人、和谐社区带头人、先进社区工作者等荣誉称号。

23.**吴敏**，北京市西城区什刹海绿色生活馆主任，社工师。在公益机构服务经历丰富，关注城市社区发展，曾获新京报感动社区人物入围奖、西城区社区资源共享先进个人，现为什刹海街道科协理事，并被多个单位聘为环保顾问。

“绿色生活馆”以立足社区、服务社区为中心，以倡导可持续的、和谐的绿色生活方式为目标，营造传递绿色、健康、文明的社区文化，促进社会的可持续发展，曾获西城区先进社会组织称号。

绿色生活馆的实践活动围绕“绿色 环保 健康”主题，并结合社区老北京民俗文化风貌传承和推广组织开展了一系列活动：如低碳生活公民行动、居家养老贴心小管家、绿色出行畅行北京、西城区节能宣传周、社区低碳使者培训、餐桌安全与绿色选择、创意绿生活手工、绿色家庭零碳种植、清洁节水社区行动、青少年科普实践假期营地、绿色生活集市、民间智慧故事会、家庭蚯蚓堆肥、废油制皂、绿生活资讯等，创意新颖，受到社区居民广泛欢迎。

24.**武金红**，工作于密云家业如心社会工作事务所。2001年大学毕业后，一直利用周末、节假日等业余时间做青少年社工工作。累计帮助170多名青少年进行心理援助，为密云电视台社会纵横栏目、学校、社区、企事业单位做过上百场讲座。2011年组织成立“密云家业如心社会工作事务所”，“青少年心理援助工程”项目被评为密云志愿服务优秀项目和北京市社工委评为政府购买服务优秀项目。武金红曾获“北京市杰出青年志愿者”“北京市未成年保护先进个人”“北京市青年岗位能手”“首都优秀社工”等荣誉称号。

25.**夏东霞**，工作于北京红枫妇女心理咨询服务中心。在朝阳区安贞街道社区从事妇女社会工作期间，致力于探索妇女群体心理问题咨询服务。到北京红枫妇女心理咨询服务中心参与NGO服务后，夏东霞仍坚持社区公益服务的合作，每周三在安贞社区提供义务心理咨询服务，服务范围由原有的家庭咨询室拓宽到各类心理培训。夏东霞设计并实施公益项目时，发挥自己曾在社区工作的特长，大力推动心理服务进社区，并做了大量的实际工作，不断探索和发展NGO专业心理服务的社区模式。在社区心理服务中，夏东霞评估社区资源及合作的可行性的情况下，因地制宜，量身打造个性化社区心理服务模式，配合政府属地化管理及居民自治的城市管理特点，配合社区干部入户并参与解决居民家庭问题。她所创建的史家“红枫暖心小屋”已为地区居民提供培训8期，提供义务咨询193人次，提供小组服务40余次。随着社区工作的不断扩展，夏东霞组建志愿者团队，探索社区专业志愿者管理模式，组织红枫中心更多的心理咨询师志愿者参与到史家社区“红枫暖心小屋”心理服务站工作。夏东霞2012年获得“首都优秀社工”荣誉称号。

26.**徐家祥**，朝阳区来广营地区清友园社区党委书记。徐家祥同志在平凡的社区岗位上工作十余年，虽然年过花甲，却时刻以爱岗敬业、服务居民为己任，竭尽全力回应居民需求，获得上级领导和社区居民的一致认可。

他积极协调有关单位，多方协调解决了办公服务用房紧张的问题，解决了商品楼社区活动场所不足的问题。为了丰富居民文化生活，建立了科普文化中心，极大地促进了社区文化建设。虽然自身患有心脏病，却总是冲在工作第一线，大家都亲切地叫他老徐，也因此流传着一句话“有困难找老徐”。坚持真情服务百姓，广泛倾听居民意见，在协调安装路边座椅、修盲道坡道、建立社区儿童乐园等工作中他亲力亲为，实现居民议案全部落实。他与物业公司多次协调沟通，争取了800平方米的办公服务用房，极大地改善了社区硬件设施，为开展各项居民活动奠定了良好基础；科普文化中心两年间就使受益居民达15000余人次，接待全国各地参观团200余人次。

27.**许玄璇**，2012年2月至今任新明家园社区党委副书记兼服务站站长。为了推进社区建设的发展进程，进一步规范社区党建格局，深化社区党员网格化、精细化管理，实现对社区管理无遗漏、服务无时限，提升社区管理水平，该同志根据社区党员的特点，积极倡导所在党委开展了“211”工程，通过工程的实施创新了党建工作新模式，强化了社区党员意识，推动了社区党员无岗亦有责。该同志严格工作标准，用的“三心”标准要求，推动各项工作落实。为了做好社区迎检工作，许玄璇同志克服怀孕期间的各种不适，坚持亲自整理档案、制作展板、布置现场，圆满完成了迎检工作。工作中，该同志注重创新工作模式方法，注重理论联系实际，她将西城区的“走千家、访万户，社区工作者岗位大练兵”和“访民情、听民意、解民难”工作与社区工作有效结合，既完成了上级交给的任务，又推动了社区建设发展，受到了各级领导和居民的普遍赞誉。

28.**薛淑菊**，长辛店街道东山坡社区党委书记，被群众称为“不要命”的社区干部。2000—2002年3月在长辛店街道祠堂口居委会工作；2002年4月至今在长辛店街道东山坡社区工作。

“7·21”雨灾当晚，她和社区干部张学琴一起徒步涉水赶往地势最低的地段。当到达长辛店北口车站时，污水已涌入群众家中，胡同积水已齐胸深。她组织年轻居民开展自救，优先把老人、孩子和行动不便的残疾人送到安全地带。救援部队到达后，又协助部队开展工作，共救出四十余人。直至次日凌晨两点，在确认受灾群众全部安全的情况下，才在救援部队的搀扶下最后撤离。

29.**杨峰**，现任北京科技大学社区党委书记、居委会主任、服务站站长。

杨峰同志历任三届北科大社区居委会主任，两届党委书记、服务站站长，始终秉承“一心一意为居民，全心全意办实事”的理念和宗旨，恪尽职守，兢兢业业，服务民生，勇于创新，无私奉献，带领工作团队在平凡的岗位上创造了不平凡的业绩，先后荣获“北京市社会领域优秀党务工作者”“北京市先进社区居委会主任”“北京市奥运立功标兵”“海淀区教育转化攻坚战与巩固整体仗巩固帮教能手”“北京科技大学优秀共产党员”等荣誉称号。

她所带领的北科大社区两次被评为“北京市先进社区居委会”，先后荣获“北京市特色精品社区”“北京市社区志愿服务优秀组织”“北京市健康社区”“北京市计划生育示范社区”“北京市养犬工作先进集体”“首都平安社区”“首都文明社区”等市级先进；荣获海淀区创先争优先进基层党组织、海淀区社区先进集体、海淀区人民调解先进集体、海淀区先进综治委，及学院路街道“五星级和谐社区”等。

30.**杨萍**，2003年创办了北京市寸草春晖老年心理服务中心，开始从事心理辅导和助老心理服务工作，承担了“北京市老年心理咨询热线”。汶川地震期间，杨萍带领团队深入灾区进行心理援助，受到灾区人民的好评。奥运会期间，北京市寸草春晖老年心理服务中心在地铁10号线北土城站C1出口与地铁8号线的转乘区设立服务站，服务日人流量平均20多万，为北京奥运会、残奥会做出了奉献，荣获中共中央、国务院颁发的“北京奥运会、残奥会先进集体”光荣称号。几年来，她带领团队为老人服务10000多人次，圆满处理心理危机干预事件11起。开展科普讲座、心理现场咨询500余场。杨萍克服种种困难，真诚为老人服务，受到政府有关部门的认可和社会的好评。先后被评为“北京市社团先进个人”“北京三八红旗奖章”“全国孝亲敬老之星”，2012年获得“首都优秀社工”荣誉称号。

31.**杨雪华**，2003年通过北京市人事局招聘，经街聘民选担任葛布店北里社区党总支书记、居委会主任。2011年兼任通州区社会工作者联合会会长。

该同志注重创新工作模式。工作中，能够按党员居住区域和自身特长，建立区域性支部和功能性支部，成立了关协、体协、隔代家长学校等11支自治组织。在通州区创建了楼门文化，通过开展微型党课进楼门和评选好邻里、好婆媳等“十一个好”活动，构建新型邻里关系。她不断贴近居民，时刻牢记以人为本。通过入户走访慰问，为社区老弱病残等困难群体办实事，办好事，深受居民的欢迎。

该同志积极推动社区建设。架构社区工作网络、筹集资金、粉刷楼道、安装防盗门和硬化美化社区环境。该同志不断丰富社区居民文化生活，利用春节等重大节日契机，组织开展主题联欢会、运动会、才艺展示会，参观地道战、抗日战争纪念馆等活动，寓教于乐，让居民享受社区文化快乐的同时，增强爱国热情。

32.**杨颖**，团结湖街道一二条社区党委书记。该同志从2000年开始从事社区工作，先后在社区从事内勤、治保、民调、计生等工作，逐步从一名普通社区工作者成长为社区居委会副主任、主任。

在杨颖的组织带动下，社区成立了民情工作室，成立一帮一互助小组，针对社区老年人口多的特点，开展低龄帮高龄的长期一对一互助工作，解决了社区内空巢老人的生活难题。同时，从社区干部和志愿者中选拔人才，成立了9支有专业技能的社区服务队，为社区居民提供服务，得到了大家的广泛认可。工作中，居民外出，放心地把家门钥匙交给她；空巢老人生活不便，她就发动志愿者轮流照顾；工作中的难活累活，她身先士卒，为居干做表率；对年轻同志多表扬，少指责，既是严师，又是姐妹。杨颖所带领的社区先后被评为“北京市先进社区居委会”“朝阳区创建全国文明城区先进社区”，她本人也被被团结湖街道评选为“优秀党务工作者”。

33.姚远，工作于海淀区八里庄社区卫生服务中心。他于2008年8月起从事精神科社工工作。是经卫生部批准的内地首批接受过香港心理卫生会——社区精神康复服务培训的医务社工。在北大六院工作期间主要为住院患者提供小组治疗、体能训练以及组织各种文体活动等服务。2011年7月，姚远同志来到八里庄社区卫生服务中心，成为海淀区社区精神卫生防治系统中的第一名社工。在这里姚远同志和团队中的医护同人一道，为社区的患者及家属提供距离他们最近的精神卫生服务。

姚远同志在工作中对自己要求严格，力求上进，没有医学背景的他为了能够更好地胜任精神科社工的工作，自己利用课余时间考取了心理咨询师。在努力完成好辖区内精神病人的访视、发药、输机管理等基础工作的同时，姚远同志利用自身优势为中心康复站的患者朋友们组织了大量专业、生动的康复活动。包括社交技能、健康宣教、心理游戏等。他还承担了个案管理员的工作，为他的案主提供第一时间的支持与各类援助。

34.**于春明**，东城区朝阳门街道大方家社区党委书记、居委会主任。他在社区各项工作活动中，不断摸索经验、创新方法。他凡事亲力亲为的做事态度，永在一线的奉献精神，时刻心怀群众的工作热情，时时刻刻感染着周围的同事，点点滴滴感动着社区的居民。他政治意识强，工作原则性强，时刻严格要求自己，充分发挥共产党员的模范带头作用，全心全意为居民服务。他敬业精神强，工作认真负责，不断进取，工作中做到有计划、有布置、有检查、有评议，多年如一日。“7·21”特大暴雨中，他积极为房屋漏雨的居民联系了房管所及有关部门，并且亲自到居民家中，帮助做遮盖等临时抢修措施，坚持在社区进行昼夜值守，为居民群众的生命财产安全做出了贡献。他曾获得北京市先进居委会主任、东城区优秀共产党员光荣称号，并多次被评为先进工作者，2012年获得“首都优秀社工”荣誉称号。

35.**余海燕**，工作于北京市海淀区人民检察院未成年人案件检察处。余海燕2000年被北京市第67中学聘为法制校长。2003年2月她成为海淀区检察院首任“专职预防检察官”。十年间她将兼职法制校长预防队伍从几人扩大到40余人，探索出未成年人生理、心理、法理综合立体预防教育模式。在十余年的预防工作中，为家长、老师、学生包括市民、村民编写了包括盲文版在内的20余种版本的青少年犯罪预防手册和教材资料；组织设计了千余次大中小型预防法宣教育活动；接听青春热线和接待孩子、家长、老师的来信来访2000余人次。2011年5月，她被中共中央宣传部、中华人民共和国司法部授予全国法制宣传教育先进个人荣誉称号。

面向流动人口、农村学生、盲聋哑、边缘及失足少年等特殊群体开展预防法宣教育。自2006年开始与中国人口宣教中心青苹果之家的未成年人专家团队先后在昌平、丰台、朝阳、门头沟、顺义等近30所和海淀区的近20所流动人口学校及北部农村永丰、上庄、温泉等中学、辖区的第三聋人学校、盲人学校、寄读学校等开展预防犯罪、自护教育、校园安全、预防性侵害等多方面教育活动，深受师生和家长的好评。

36.**张蕊**，现任朝阳区首都机场街道南平里社区党委书记，2000年经市委社工委招聘走上了社区居委会的岗位，13年的社区工作磨炼，使她由一名普通社区工作者成长为一名社区党委书记。

南平里社区共有居民3183户7248人，其中60岁以上的老人有1500余人，社区“老龄化”特征明显。社区老年人在生活料理、寻医问药及心理慰藉等方面需求增多，尤其是孤寡老人、空巢老人及失能老人等社区“弱势群体”对照顾服务的需求尤为迫切。同时，社区内很多离退休人员身体健康，能够提供强度不大、力所能及的服务。还有很多下岗职工以及

“4050”人员，大都有一技之长，可以提供多方面的专业服务。即使是从业人员，也可以利用业余时间从事志愿服务。张蕊同志以关心居民、服务居民为准则，团结带领社区全体居委会干部，利用公共资源，探索志愿服务模式，建立了“蓝丝带”“乐民好管家”“蓝精灵”“时间银行”等一批志愿服务品牌。社区获得北京市先进党组织、先进居委会等殊荣。

37.**张红**，宛平城地区城北社区书记兼主任。她以服务群众为重点，建立居委会成员包片包户制度，加强矛盾纠纷排查工作，把矛盾化解在萌芽状态；她积极组织社区开展创建文明区宣传教育等工作；她开动脑筋，在社区创造性地开展了丰富多彩的活动，使社区工作有声有色，社区居委会的凝聚力在居民中大幅提升。

该同志始终急群众所急，关心社区居民冷暖。“7·21”特大暴雨袭击北京，面对社区群众生命和财产安全受到严重威胁的紧要关头，张红同志及时与社区居民各组长联系，了解情况。她积极与办事处干部、社区工作者一道查看居民家中受灾情况，组织抢险救灾，努力把灾害的损害降低到最低。

该同志注重发挥班子重要作用，推动社区建设取得了明显成效。她注重抓好社区党组织、居委会、服务站领导人员的教育管理，强化他们的事业心和责任感，采取多种方式激发他们的工作热情。工作中，大家在张红的带动下，始终拧成一股绳，确保了各项重大任务圆满完成。

38.**张红霞**，海淀区西三旗街道建材东里社区居委会负责人、主任、社区服务站站长。2006年2月积极协助社区创办“连心板”。2012年7月，经过社区调研缜密研究，她在建材东里社区创建了“非常1+3 非常贴心”服务品牌，其特色在于以社区服务站一条龙服务为根本，充分利用社区三个科技服务平台，即社区微博、社区短信服务群发平台和社区网站，为广大居民提供一系列方便、快捷、优质、高效的规范化服务，满足不同居民层次的需求。张红霞提出了“人性化服务，零距离接触”的理念，始终本着诚心诚意为群众办实事、尽心竭力解难事的宗旨，力争带给那些需要帮助的人无限的希望，希望用自己微薄的力量让自己和自己帮助过的人生命中都能盛开出绚烂之花。张红霞2012年获得“首都优秀社工”荣誉称号。

39.**张潇**，任北京市海淀睿搏社会工作事务所所长助理、办公室主任。从事专业社工以来，张潇一方面要负责事务所的日常管理，组织社工开展专业服务、联系高校老师对社工进行督导、对社工开展专业技能培训等；另一方面，坚持开展一线服务，进行一对一的个案帮扶工作，带领青少年成长小组和室内拓展小组为社区居民开展参与式讨论。张潇先后多次到香港、深圳等地学习社会工作实务方法，并结合北京市实际情况，建立了全市首支深宵外展队。面对闲散青少年，张潇一对一地和他们访谈，帮助他们恢复自信、提升能力；面对青少年群体，张潇开展小组工作，提升团队凝聚力和荣誉感；面对睿搏的专业社工，张潇为他们做工作方法、策划技巧的培训；面对社区工作者和社区干部，张潇组织高校老师和专家学者给他们进行业务能力培训；面对社会工作高校学生，张潇将一线社工工作经验和技巧与大家分享。张潇于2012年获得“首都优秀社工”荣誉称号。

40.**张跃豪**，2010年创办了社会工作专业机构——立德社会工作事务所。一年多来，和同事们一道依托温馨家园为残疾人提供服务10000多人次，直接受益人200多人，不少残疾人都发生了正向改变，还有3位残疾人走出温馨家园自谋职业。

“微环境型塑”技术是张跃豪在助残领域的独创，一方面要影响家庭环境，一方面要影响社交网络，一人一礼物、一家一故事、一人一网络等易于操作却能型塑环境的手法不断呈现。这使得专业助残服务不断向纵深发展，终于让服务对象大幅改变了，家长观念改变了，残疾人就顺利就业了。

第二届首都最美社工及优秀社工

第二届“寻找首都最美社工”活动2013年开展，共评选出12名最美社工、39名优秀社工。

一、最美社工（12名）

（一）最美社区团支部书记朱佳琦

房山区拱辰街道宜春里社区居委会　朱佳琦

朱佳琦，2009年5月任房山区拱辰街道宜春里社区团支部书记、居委会委员、社区青年汇总干事、社区宣传广播员。朱佳琦在社区负责青少年教育，她作风扎实、动手能力强，各项工作取得了良好成绩。

作为社区团支部书记的她，定期搜集社会建设、社区工作方面的资料、讲话、发展纲要等内容，每天浏览市、区社工委网站，及时整理好学习资料，开展团支部青年社工培训会。她还根据社区需求，在每年寒暑假举办社区假期国防教育知识讲座等青少年实践活动。组织团员青年开展“铲除小广告，创造美丽家园“志愿服务。

作为社区青年汇总干事的她，带领广大青年参加新城市体验营活动，参观消防基地、特警基地、首钢总公司；组织年轻人参加“北京范儿——唱享幸福家园”长阳音乐节活动、园博园长走大会、房山长沟长走大会；与北京市志愿者联合会开展“亲子游戏教育专场活动”，与北京工商大学开展“青春红丝带”防艾宣传教育、预防禽流感知识宣传活动，与北京理工大学联合举办“婚姻家庭与继承”为主题的法律知识进社区宣讲活动；组织开展“凝聚青年力量 实现中国梦想”情系中秋·青年大团圆活动等，均取得良好的效果。

朱佳琦的工作得到了大家的一致认可，2011年所在社区青年汇代表房山区接待蒙古国青年，进行交流学习，促进中蒙友谊。2011年被选举成为房山区人大代表，2012年被选为共青团北京市第十三次代表大会代表，2011年、2012年获房山区创建工作优秀团干部。

（二）最美青少年服务社工安娜

北京市西城区仁助社会工作事务所　安　娜

安娜是北京市西城区仁助社会工作事务所法定代表人、总干事，既是机构的筹建者和项目的开发者，又是一名有着丰富经验的一线社工。在她的带领下，仁助社会工作事务所在学校社会工作和青少年社会工作方面,进行了大胆探索和艰苦实践，走在了社会的前列。2013 年 6 月荣获 “5A” 型社会组织荣誉。

在开展学校社会工作方面，2010 年 4 月，仁助社工事务所设立的全市首个职业高中驻校社会工作服务站在北京实美职业学校正式启动，《中国社会报》专门进行了报道；2010 年 8 月，仁助社会工作事务所举办了第一届暑期少年儿童能力培养工作坊，西城区委主要领导参观并给予了高度评价，《中国社会报》《人民政协报》《北京西城报》等多家媒体进行了专门报道。

在开展青少年社会工作方面，她带领事务所与西城区检察院、西城团区委密切配合，设立了北京市首家附条件不起诉未成年人考察帮教中心——“新起点”实践中心。截至2013年6月，共完成75人次针对涉罪未成年人的实地调查，为西城区人民检察院出具调查报告100余份，完成考察帮教等服务100余次，并为探索北京市司法社会工作模式，提供了真实有效的参考数据。

在进行实践探索同时，她还注重理论研究和内外交流。2013年6月，应新加坡基层领袖社区领导课程北京考察团邀请，就驻校社会工作模式做了《社区公共资源的整合和专业社区队伍建设》的演讲报告。积极筹备《学校社会工作实务模式及案例分析》的撰写与出版工作，为社会工作实务探索和理论研究贡献了自己的力量。

（三）最美京郊社工韩士鹏

北京市顺义区绿港社会工作事务所　韩士鹏

韩士鹏，顺义区绿港社会工作事务所法人代表、总干事，助理社工师。他对公益事业的充满爱，对社会事业满怀热忱，自主创业、扎根基层、从零做起，以实际行动践行了“助人自助”的社工理念，实践着公益创业精神。

他创立的绿港社工事务所是顺义区第一家专业社工机构，致力于服务京郊社会建设工作，关注北京市城市化进程中所产生的“农转居”社区建设问题及社区居民关心的民生建设问题。主要开展社区文化建设工作、社区心理支持服务工作、残疾人社区康复工作、未成年人帮扶工作、社区特殊人群帮扶工作。所开展的“‘农转居’社区建设”“残疾人社区康复”“社区特殊人群帮扶”“社区心理支持服务工作站”等服务项目，覆盖了顺义区6个街道及3个乡镇，开展各类社区活动500余次、个案工作202次、小组工作298次、社区精神文明大讲堂92次，获得了政府相关部门和社区居民的一致好评。

作为政府扶植大学生创业的典型案例，也为增加大学生就业机会和方向提供了平台。事务所现已吸纳毕业于各高校社会工作专业专职青年社工8人，其中6人考取了社会工作专业资格证书，并创建了一支两百余人的长期服务于社区的志愿者队伍，为培训社会工专业队伍做出了自己的贡献。

他珍惜在工作中的点滴收获，注重在工作中不断反思，不断学习，不断深悟社会工作的价值理念，并考取了香港理工大学社会工作专业在读硕士研究生。他发挥专业社工的优势，结合党的群众路线教育实践活动，尝试将群众工作与社会工作相结合，丰富社会工作的服务技巧，在实践中为推动社工专业化、职业化发展进行了有益探索。

（四）最美社区“暖巢人”侯晓叶

昌平区城南街道秋实家园社区居委会　侯晓叶

侯晓叶，昌平区城南街道秋实家园社区居委会副主任。大家都这样评价她：“她和老人的相处相交总是那么有耐心，为老人服务总是饱含热心。”全社区困难老人家住哪里、身体如何，都装在侯晓叶心里，她经常说：“老人是我们社区的财富，他们有困难能想起我，是对我最大的信任，我心里高兴！”

她时刻把尊老敬老的传统美德记在心里，总结出“真心、细心、耐心、热心、责任心”的“五心”助老理念，开展了“五个服务”活动，积极全面地为社区老人排忧解难。一是就餐服务，成立秋实家园老年食堂，解决了家园中160多名60岁以上老人的吃饭难问题。二是特殊服务，对高龄、残疾、丧偶或子女不在身边的老人实施特殊服务。三是慰问走访服务，坚持每天抽时间听取老人们对社区工作的意见和建议。四是文化、体育、健身服务，为老人们提供了老有所为、老有所乐的条件和舞台。五是志愿者服务，组织社会力量为老人们提供服务。

一副热心肠、一张笑脸，让社区居民记住了这位社区“暖巢人”！一份琐碎的工作，她融入了责任与感情；一种特殊的服务，她倾注了细致与爱心。在居家养老服务中，侯晓叶真正做到了“懂老人、爱老人”，真正做到了老人的“贴心人”！

（五）最美派驻社工胡夏瑜

北京市妇联社工部　胡夏瑜

胡夏瑜，北京市妇联社工部社工，社工师。2012年9月至今就职于市妇联社工部家庭综合服务项目，负责大兴区观音寺街道观音寺社区项目点。从事社会工作专业服务至今，始终坚持“平等、接纳、尊重，以人为本、助人自助”的工作理念，经过五年多的服务积累，在社会工作专业服务上取得显著成绩。

在派驻市妇联家庭综合服务项目大兴区观音寺街道观音寺社区项目点期间，她以社区妇女之家及社会组织为平台，以发挥妇女之家八项职能为主要服务目标，运用社会工作专业理论及方法，通过政策宣传、服务咨询、走访调研、个案辅导、小组活动及社区教育等形式，为社区居民家庭提供免费培训及讲座、互助及发展小组、家庭教育服务、和谐社区活动和志愿者服务等专业服务，推动社区家庭成长，促进社区和谐。

结合社区实际，她在项目周期中侧重于教育培训、家庭教育及社区文化服务等三个方面，对辖区2016户、150个楼门单元开展了人员基本信息调查，开展及协助各类社区活动20余次，小组5个，走访300余人次，完成服务基本建档近200人，近1200服务人次。组织了老年人心理健康培训、秋季养生讲座、青少年读书分享会、社区文化开展趣味运动会等多项活动。

协助社区图书室建立，她完成近1500册图书收集整理，协助完成《楼门长服务手册》的修改与完善，在“嵌入式”的体系中，总结初具适合辖区的社会工作服务模式，在专业服务的本土化、系统化的过程中，得到了服务对象、用工单位的充分肯定。

（六）最美社区畅心社工兰凌燕

东城区崇外街道西花市南里南区社区　兰凌燕

兰凌燕，2009年至今在崇外街道西花市南里南区社区任居委会主任，2011年当选东城区第十五届人大代表，2012年任民建东城区工商联支部支委，2013年任民建东城区妇女支部副主任。兰凌燕同志利用各种途径，倾听居民心声，解决居民实际问题。在社区创建“同城人”畅心园项目，设立的畅心工作室，开通畅心热线电话，搭建与社区外来居民沟通的桥梁。她创建通过“同城人”畅心园微博等途径，发布政府信息、各项政策、时事政治、社区动态、健康知识等信息、拉近社区与外来居民的距离，也使居民们有了直接了解、参与社区事务的平台。社区通过开展丰富多彩的文化活动，为增强社区居民之间互识、互信、互敬、互助搭建平台，促进社区和谐、家庭和谐，进一步增加了社区居民的归属感和凝聚力。“同城人”畅心园成了社区建设的议事园，成为邻里和谐的温馨园、娱乐健身的兴趣园、精神慰藉的开心园；同时提升了社区居民自觉参与民主自治、自我管理、自我服务的水平和能力。这项工作创新将外来人口的社区管理工作提升了一个新台阶。

作为一名人大代表，兰凌燕认真履职，积极参加代表活动，密切联系群众，深入调查研究，认真听取人民群众的呼声，准确把握民意，反映民情，及时了解人民群众的需求，积极反映群众的意见，履职期间分别向街道、区教委、区社工委提出高质量的议案和建议，架起政府与群众沟通的桥梁，使政府各项政策和决策更加符合群众的愿望和利益。

（七）最美社区AB岗工作法创造社工刘冠华

丰台区右安门街道东滨河路社区　刘冠华

刘冠华，2000年5月至2004年3月在右安门街道东庄社区居委会担任委员、副主任职务，2004年4 月至2010年12月担任开阳里第一社区居委会主任职务，2011年1月至今任右安门街道东滨河路社区居委会主任职务、服务站站长。刘冠华在社区工作中以爱为魂，注重实干，并鼓励、倡导全体同人勇往直前，在务实创新中敢于作为、善于作为。在繁忙的社区工作中虽然辛苦万分，可她从没有放松过学习。在党校参加学习以优异的成绩读完了大专第二学历，并于2007年取得了本科文凭，在社区工作不断专业化的要求下，她又参加了社会工作师职业资格考试，2009年取得了社会工作师中级水平资格证。

在工作中，刘冠华把“社区居民是幸福的，我就是快乐的”作为工作的座右铭，舍小家为大家，十多年没在家过一个春节。在社区岗位上开拓创新增强为民正能量。创新工作模式设立AB岗工作法。为了体现贴心、便民，设置了温馨便民箱方便居民不时之需，结合社区特点制定工作思路，创新管理方式和工作思路，结合辖区资源开展美食特色文化活动。参与社区建设提出了打造社区“e”生活主题工作思路，开办了社区“e”专刊，开通了微博，设立了社区网站，在信息时代让社区居民感受到时代的气息和便捷的服务，实现了凝聚人心、打造品牌、宣传驻区单位、形成共居一地共谋发展的良好局面。

（八）最美社区“蓝魔方”创建社工潘瑞凤

西城区广内街道西便门东里社区居委会　潘瑞凤

潘瑞凤，西城区广内街道西便门社区党委书记、居委会主任。多年来她把社区工作当作一项事业来做，始终如一地为社区、为广内建设默默地奉献着。2017年当选为党的十九大代表。

在工作中，她严于律己，宽以待人，遇到事情及时与社区党委、居委会成员商量并虚心听取其他成员的意见和建议，遇事身先士卒，以行代言，为班子成员做表率，发挥榜样作用。她时刻牢记“居民利益无小事”，拓展工作思路，创新工作方法，挖掘社区资源，利用社会资源，积极探索和实践社区党建、社区建设的新路子，不断提升为民服务的新水平。着力打造了“5个服务项目”，即“社区一站式服务项目、电子商务建设项目、虚拟养老服务系统项目、数字家园信息项目、‘蓝魔方’——科学体验中心示范项目”，打造人性化、智能化、科技化的创新服务体系。

为社区居民提供“一门式”服务，规范了社区服务；落地电子商圈和虚拟养老服务，实现科技手段贴身服务；尤其是社区“蓝魔方”——科学体验中心示范项目的建设，在北京市科普社区专家论证评选中获得第一名。其所在的社区先后获得北京市创新型科普社区、北京市科普益民计划先进社区、全国科普示范社区等光荣称号，并先后取得近百万的项目资金支持。

（九）扎根基层社区的最美博士社工王海青

石景山区鲁谷社区五芳园居委会　王海青

王海青，2009年11月—2012年5月任鲁谷社区五芳园居委会委员，主要负责计生、宣传、档案工作；2012年6月至今任鲁谷社区五芳园居委会副主任。王海青热心公益事业，入职初期便积极加入鲁谷义工的大家庭中来，她组建“芳园义工”QQ群，制作“德耀人生”义工宣传短片，主持开展“道德讲堂”。

任计生专干期间，为了提升服务的深度和广度，她以“新生儿及孕产妇”“学龄前幼儿”“青少年”“贫困、单亲母亲”等作为服务对象分别策划了“3H”幼教沙龙、“能量人生”、“感恩—启智—成长”、“星星之火”爱心救助等多个项目。2011年实施的“快乐爸妈·健康宝贝·和谐家庭”3H俱乐部项目，为辖区新婚、孕产妇、新生儿提供丰富多彩的优质服务，特别是将“新居民”纳入服务范围，极大地增强了新居民对社区的认同感和归属感。

作为社区妇联主席，她把残疾人、孤寡老人、单亲母亲等弱势群体列为自己的重点服务对象。她将对孤寡、高龄老人的关心与青少年假期活动结合起来，每年寒暑假组织辖区青少年慰问空巢、孤寡、高龄老人。她关心困难家庭青年学子的成长，主动争取妇联“实兴腾飞”助学资金，先后为7名贫困学子争取学费5000元。她每年对单亲、特困母亲、贫困妇女定期走访，先后为辖区7名单亲、困难母亲争取援助资金3900元。她以共青团“青春互助超市”合作网站为依托，建立起了五芳园社区网上交流平台，及时发布社区资讯、活动信息、政策法规等内容，开辟“社区互助”在线交流板块，为有需要的群众牵针引线，促进其互帮互助。

（十）最美视障服务社工曾鑫

北京市红丹丹视障文化服务中心　曾　鑫

曾鑫常说："作为一名视力障碍者，我与盲人朋友们的心是如此地贴近，我用自己仅有的0.1的视力与我的盲人朋友一起分享视觉世界。能在助盲志愿服务工作中得到成长，我每天都在收获着快乐！"

她患有先天黑盲的眼病，在南昌大学读完了行政管理的大学本科。2005年，来到红丹丹做起了志愿者。伴随着红丹丹的成长，从前三年没有任何薪水的全职志愿者到现在能够独立承担项目设计、实施及评估，与社会资源洽谈合作的全职社会工作者，她已经能够承担起红丹丹的项目管理和行政管理工作。其间，她直接参与了红丹丹"视障青年广播节目采编播""心目影院""心目图书馆""助盲志愿者管理体系建立"等重大项目的设计、实施及推广工作。

她参与多项培训，注重能力提升，参加中英社区志愿者交流项目，在伦敦学习工作一个月，在日本盲文图书馆研修一周。由于视力的极度下降，她抓紧利用业余时间到盲校学习了专业盲文知识，现在除了能够熟练地使用英文书写和对话，还掌握了英文盲文和中文盲文的书写。

她正直、坚韧的品格助红丹丹健康成长。2006年初，当红丹丹面临是要选择使命、放弃急需的现金，还是选择为了资金放弃尊严与不法国际骗子同流合污的关键时候，曾鑫坚持：“即使从零开始，也不能放弃原则。”她的一句话使红丹丹所有人更坚定了信心，有了坚持下去的勇气。在她的影响下，红丹丹的工作人员在明知没有一分钱收入还欠钱的情况下，没有怨言地继续留在红丹丹工作。与此同时，曾鑫也放弃了中国盲人协会每月不低于3000元的工作邀请。正是在这样的环境下曾鑫得到了全面的锻炼和成长。

（十一）最美社区创新社工张鷟制

朝阳区奥运村社会保障事务所、南沙滩社区党委　张鷟制

张鷟制2005年起担任南沙滩社区党委书记，面对社区产权单位多、合居住户多、低保家庭多、老弱病残多、老旧设施多、治安隐患多、物业公司少的社区实际情况，如何把社区"两委一站"的班子抓好，发挥班子的整体合力，是他成为社区党委书记第一天就开始思考的问题。

他提出了一定要减少两委一站工作人员在案工作时间，增加离案工作时间，重新回到、走到社区中去。通过"走"拉近两委一站与居民之间的距离，让"走"成为制度，成为两委一站最基本的职责和必须完成的"规定动作"。提出"走动式工作法"。他提出了通过勤走、勤看、勤听、勤问、勤记、勤办"六步走"使社区党委、居委会、服务站人员、各党支部书记、党小组组长和各楼院院长、楼门长都参加走动式办公，解决民诉民求。同时，面对走动中梳理出的纷繁芜杂的各种问题，他又创造性地提出了“横向分类、纵向分层”的解决办法，将社区事务按照难易程度和办理主体归类为3个层次，明确了岗位责任，提升了效果。“走动式工作法”实施以来，提高了社区干部与居民的见面率、交谈率、熟知率，很好地落实了社区干部包院包楼包户首问责任制，提升了新录用社区青年干部群众工作能力和单兵作战能力，提高了社区干部综合业务水平，提升了社区服务管理水平。

经过多年实践，“走动式工作法”成为服务社区居民的有效办法，成为社区“去行政化”发展的标杆，成为社区基层民主自治的成熟经验。在朝阳区第四届人才评选中，他获得突出贡献奖，当选区人大代表，成为朝阳社工的杰出代表。

（十二）最美“下海社工”张跃豪

朝阳区亚运村街道立德社会工作事务所　张跃豪

张跃豪，原为街道办事处干部，后来“下海”当社工，是立德社工事务所的负责人。多年来，他坚持学习、实践、总结、提升的工作习惯，带领立德社会工作事务所不断发展。他带领团队总结了“九个一”的社工服务核心手法，为依托温馨家园助残进行了很好的探索。积极探索“社工带义工”，在实践基础上总结出了“3434”社工带义工模式。首创“社工服务超市进社区”，被中国文明网誉为“朝阳社工服务超市开创志愿服务新形式”。他的论文《初议社会工作者的能力建设》《优势视角下的社区教育发展探析》被学术期刊登载。与专家同行合著的《社会组织服务项目操作指南》已由知识产权出版社出版。

为了打造有战斗力、专业化的服务团队，他从有成就、有尊严两个角度提出“让对象成长体现自我价值”和“让爱心社工成为行业白领”的社工发展目标，始终关心爱护团队、培养锻炼团队，并不断培养团队的行业荣誉感和集体责任感，整体的专业化水平和服务质量得到了提升和保证。

九年来，他们服务的残疾人达到了460多名36800多人次，服务的老人达到了500多人21000多人次，服务的青少年达到83人2100多人次。张跃豪也收获了很多社会赞誉，比如首都优秀社工、身边雷锋——最美北京人美誉等。他带领的团队也获得了北京市养老助残服务商二等奖、亚运村地区居民满意的社会组织等荣誉。特色项目残疾人购物辅导、残疾人相亲会、残疾人艺术康复、立德社会工作事务所四点半课堂等得到了北京电视台、《北京日报》、朝阳电视台、朝阳有线等众多媒体的报道和关注。

二、优秀首都社工（39名）

1.**王艳蕊**，2006年创办社区养老公益机构——乐龄合作社，2011年注册“北京市石景山区乐龄老年社会工作服务中心”，开始艰苦并快乐着的助老创业。她把社区中很多身体健康的退休老人组织起来，成立老年公益小组，有“热心人帮扶队”“乐淘淘尊老助老小组”和“新生活太极健身队”等。如今，公益小组已从当初的一个社区发展到7个社区，建立了26支老年公益团队，在册老年志愿者300多人，受益老人达到了上万人次。为了把助老公益服务做实，2009年的冬春，王艳蕊着手培训专业的护老员，为老人提供“一对一”个性化服务。乐龄助老服务中心从初创时的一人，发展成一支拥有全职十多人的专业团队；社区内直接得到“乐龄服务中心”服务的老人从最初的五人增加到近百人；服务项目由最初的一项，扩展为现在的三大服务板块，即贫困老年妇女援助、社区老人互助平台和居家老人专业护理，形成了乐龄公益独具特色的社会工作助老服务模式。

2.**王月波**，工作于平谷区滨河街道滨河社区。王月波最常说的话就是："有事儿您找我，给我打电话。居民有事，随叫随到！" 平谷滨河小区1号楼共108户，没有房产证，孩子不能就近上学，给居民生活工作带来诸多不便，王月波用两年的时间，找房屋所属单位多次协商，又动用社区"后备力量"——社区的居民代表和党员一起行动，这迟到17年的房产证终于到了居民的手中！2008年，社区成立青年汇，王月波和专业社工沟通青年汇计划，与社区青年探讨服务需求，一连串的服务计划就这样出炉了，环保骑行总队、九歌诗社、纤维创作等社团组织蓬勃发展。王月波还是个信息达人，她将信息化手段运用到了社区管理和服务中，社区信息服务平台和电子显示屏的使用，实现了社区宣传的无缝隙、全天候。她协调相关单位，坚持为社区75岁以上老年人免费理发。

3.**王云淑**，任密云县（现密云区）果园街道果园新里北区社区党总支书记、居委会主任 、服务站站长。几年来，累计筹集老旧小区改造资金近千万元，集中解决了社区内路面硬化、化肥厂家属院房屋修缮、居民停车难等一系列居民关心的热点、难点问题。她打造了社区十五分钟服务圈；大型民乐队、社区书画协会、关工委工作都成了街道的亮点。在创新社会管理与服务模式、积极开展党建项目化管理创新工作中，率先在社区以楼为单位建立了楼宇党建基地，畅通了居民反映诉求的渠道；针对社区老、弱党员多的情况，改进了党组织活动形式，在社区推出了“家中党日”及“党员网格服务站”，并已形成长效机制。2009年5月她患病手术，手术三天后，为了处理供暖改造遇到的问题还没拆线的她就上班了。“真心诚意服务居民”是王云淑同志的工作格言，她用一个共产党员特有的情和爱，成为社区建设的忠实实践者，用真情和汗水谱写了动人的敬业之歌。

4.**吴晶**，李村社区党委书记兼居委会主任。2013年上半年，全市启动了拆除违法建设工作。李村社区由于历史遗留原因，属于违法建设的“重灾区”。面对严峻的工作形势，吴晶带领社区一班人，积极走访存在违法建设的居民家庭，对每个个案都进行了细致的分析，并建立了翔实的档案，她还积极协调街道和相关部门、单位，帮助他们解决实际生活困难，虽然很多住户的违法建设被拆除了，但他们仍然为吴晶真心实意为民办事的精神所感动。李村社区拆除违法建设近40间，拆除数量在街道领先。此外，她还积极协调街道、房管、物业等部门，解决了困扰百姓已久的道路破损、排水排污、拖欠电费等问题。先后开展了春节送祝福，慰问困难群众，端午节亲自给老干部包粽子送到家中，与离休老干部共同学习党的十八大会议精神，组织老年人开展秧歌大赛，启动社区扶老助残项目等让社区的党员、群众看在眼里，暖在心里，增强了社区的凝聚力。

5.**修俊霞**，蓝龙家园社区第一届书记兼主任。为搞好社区服务工作，她积极搭建党员发挥模范作用的平台，创造了在职党员“8+2”管理模式，利用在职党员下班后回到社区的两小时为社区建设做贡献。搭建文化体育的活动平台，建成了室内室外、地上地下相结合的综合性文体活动阵地。搭建东西南北的融合平台，通过建立流动人口“阁外快乐吧”，开展“百人品尝百家宴”活动，解决流动人口融入问题。搭建社区人才的展示平台。建立社区师资库，为居民授课。聘请文体活动队专业辅导员，丰富文化生活。搭建弱势群体的救助平台。印发了《蓝龙家园睦邻互助卡》，供社区居民特别是弱势群体随时请求帮助。搭建业主与物业的沟通平台。社区居民随时向居委会提出物业管理方面的问题和提案，就一些共性问题，及时与物业沟通、协商，力求快速解决。修俊霞因表现出色，被授予“北京市三八红旗手”奖章。

6.**杨晶**，玉桥南里南社区书记、主任，通州区社工联合会理事。根据社区的特殊情况，她创新性发把楼门文化作为加强社区建设的抓手和依托，开展了一系列“特色+功能”的社区党建活动。杨晶把社区内有一定文化素质、有一定艺术特长的老教师请出来，参加到文化楼门建设中。2009年成立的十姐妹楼门文化设计团队，在2011年正式挂牌为“丨姐妹工作室”，十位阿姨用她们灵巧的双手和丰富的想象力设计出“铸就辉煌”“旗影映辉”“古韵通州”“运河之滨”“魅力之城”和“北京精神”等主体鲜明的特色文化楼门，尤其是以家庭和睦、邻里和谐等主题创建的“和谐楼门”。通过楼门文化建设，玉桥南里南实现了“环境、人气、文化”的全面提升。在市文明办以“个十百千万”工程为主线的评选活动中，玉桥南里南社区景馨家园1号楼被评为“北京市千个文明示范楼门庭院”之一，并在人民大会堂“做文明有礼的北京人”的主题晚会上得到了表彰。

7.**殷金凤**，呼家楼街道呼家楼北社区党委书记。在工作遇到难题自己冲当先锋，把解决好群众的实际困难作为自己的头等大事，被群众亲切地称为“解难书记”。殷金凤在工作中积极探索创新为民服务机制，先后推出“十必访一公开”工作法，打造小件急修队、爱心服务队等为民服务志愿组织，制订“红绶带”宾客接待工作规范，建立社区民愿诉求调处机制、“三四四六”社会领域党建机制等，赢得了广大老百姓的认可。特别是“十必访一公开”2006年荣获朝阳区基层党建创新奖。呼家楼北里是老旧小区，一直没有路灯，居民行走不便，还带来治安隐患。殷金凤到任后，面对社区条件不符合安装路灯标准的难题，积极与上级部门沟通，终于为这个老旧小区装上了路灯。在居民聚集闹事的施工现场殷金凤毫不犹豫地跳入十几米深的坑内，制止民工的野蛮行为，苦口婆心劝说居民理性解决问题。推出“准物业管理”新模式，在老旧小区居民自治管理方面探索出了一条新路，实现了老旧小区自治管理的创新与突破。

8.**袁菁**，2011年正式成为北京市海淀睿搏社会工作事务所的进站社工。成为专业社工后，她在海淀区上地街道先后开展了相关活动方案及策划的专题培训，组织室内拓展等活动。

2012年初，结合“北京精神”——爱国、创新、包容、厚德，袁菁策划了“北京精神进楼宇，幸福楼宇文化放”的系列活动。分为“爱国见行动”“创新重实践”“包容在理解”“厚德看传承”四个板块，并将其应用到海淀区的28个楼宇中。为了更好地开展楼宇活动，她还在楼宇内开展“企业员工需求调查问卷”，以简报的形式搭建企业员工交流的平台。简报大致分为楼宇活动预告与回顾、楼宇回音壁、白领小贴士等。结合所在楼宇的特点策划了以“绿色健康你我他”为主题的楼宇文化。先后开展了“跳蚤市场”和“炎热夏日送清凉，废旧物品换绿植”等活动。作为事务所儿童项目专员，策划实施了“彩虹娃娃屋”项目并定期组织开展儿童活动和青少年活动。

9.**张晶华**，北京市五色土社会工作促进中心办公室主任。她根据社会老年人、残疾人的心理需求和特点，对他们的心理问题进行认真梳理，建立心理工作档案，坚持心理咨询跟踪回访工作制度，开展有针对性的服务。她无数次深入北京远近社区，充分发挥心理工作者的自身优势，开展丰富多彩有益于老年人、残疾人身心健康为主题的活动。她亲自制订授课方案，根据他们的心理需求和精神需要邀请心理专家到社区为老年人举办专题讲座；她以提高老年人生活质量为宗旨，以满足残疾人生活需求为目的，组织心理健康专职工作者走进社区，通过开通服务热线、发放宣传材料、现场心理疏导等形式开展心理义务咨询活动。近年来，她参与组织举办的各类社会心理讲座上百场，发放宣传资料万余册。她和“中心”的工作多次受得到市、区有关部门的肯定，得到了社区群众的广泛赞扬。

10.**张璐**，从2011年3月至今就职于北京市丰台区九万里社会工作事务所，担任项目社工一职，主要负责“一街一社工”项目、社区工作者培训、社工师考前培训以及儿童安全训练营项目等工作。在担任“一街一社工”项目负责人的过程中，她与社区建立起了良好的沟通渠道，同时也深入学习并实践了专业社工的技能和知识，不仅与大家共同编写归纳了13个单元的儿童安全教材和上千份学员档案，还深入救灾一线，为受灾群众开展帮扶及心理咨询活动。这期间，张璐开始了她的第三次转变，破茧化蝶成为儿童安全的“专家”。2012年开始，她受命负责九万里儿童安全训练营项目，截至目前，九万里儿童安全训练营已经覆盖了丰台16个街道的40多个社区、4所小学，受益人群达到5000余人。

11.**张梅**，是石园北三社区青年汇的一名社工。社区老人出门总是忘记带钥匙、忘记关火、关电等情况，张梅便设计制作出了“便民服务挂袋”，送到每户居民家中。在居委会的支持帮助下，张梅还帮空巢老人安装了燃气报警器，并带动社区志愿者一起成了“七帮一”小组，每周安排一名志愿者为空巢独居老人服务。流动青年在社区人生地不熟，遇到困难很难解决。张梅就跟负责流动人口工作的同事一起带他们参观社区，告诉他们居委会、物业、学校、银行、商场等服务单位的地址和乘车路线。在她的感召下，她接待过的很多流动青年都成了社区的志愿者。从2011年开始，张梅每年都会为社区幼儿园小班的小朋友们送上一个印有自己照片的小书包，这些孩子里很多都是留守儿童，父母长期不在身边，他们更加需要关心，需要一个标志让他们感受到自己是社区大家庭的一员，对社区产生浓浓的归属感。

12.**张玉惠**，太平桥街道蓝调社区党委书记兼社区主任。获得过首都职工素质教育工程领导小组优秀学员、丰台区妇女联合会“十佳女社区主任”、北京市民政局先进社区居民委员会主任、北京市第六次全国人口普查工作先进个人等荣誉。她把“社区互助会”打造成为社区建设的亮点工作，短时间内就化解了居民与物业管理公司多年的积怨，实现了“社区是我家，建设靠大家”的社区服务新模式。她推动形成各类互动形式搭建沟通桥梁，如社区微博、网站、QQ群、热线电话等，使社区服务更加贴近居民需求。她探索出一套切实可行的社区工作做法，创新开办居家“养老助残”餐桌特色服务项目，让社区老年人、残疾居民真正得到实惠，目前“养老助残餐桌”服务项目已经在全市多个地区得到推广。她所在社区先后荣获首都绿色社区、首都文明社区、全国流动人口子女示范家长学校、北京市温馨家园示范社区、北京市计划生育先进集体、北京市健康社区、全国综合减灾示范社区、丰台区和谐社区、丰台区巾帼文明社区等一系列光荣称号。

13.**张智慧**，2003年10月至今在紫竹院街道兵器社区居委会工作。在2012年7月之前，张智慧一直从事的是社区户籍、社区信息、社区文件、社区志愿者队伍建设等工作，在2012年7月之后，由于社区工作人员的变化，又接手负责社区残疾人管理及社区司法等工作。她努力当好社区残疾人的服务员，落实政府好政策，把爱残助残的各项政策和各种活动第一时间惠及社区的残疾人。社区低保残疾人张忠是一位先天性残疾人，从小就失去了父母，养母身体也不好。考虑到张忠年龄的增大与病情的加重，根据相关政策，张智慧主动为他申办了免费轮椅，为了让他能享受此次免费轮椅的发放，张智慧多次与街道负责人沟通，并亲自带张忠到区里鉴定。这样的事情有很多很多。面对社区的矫正人员，她把社区矫正人员当成自己的亲人，有机会就陪他们聊天，帮助解决实际问题，参加各种集体活动，促使他们做一名遵纪守法的好公民。

14.**赵星**，北京市石景山区小飞象训练发展中心主任，致力于残疾儿童康复事业。赵星从不认为孤独症孩子的情感有任何缺失，她说："他们的心理比正常人要敏感很多，只是不会交流和表达。"为了让更多的人了解孤独症，赵星邀请社区居民来学校里看孩子们上课，与所属社区以及八角街道、北方工业大学建立了青年人才社会实践基地，带着孩子们走进军营参观，组织大学生志愿者陪着孩子们做游戏。在做好专业工作的同时，她时刻关注民生，热衷于社会公益活动。开展了一系列的以孤独症家庭、成年残疾人社会生存、失独老人救助为主的弱势群体关爱行动。与相关的近10个社区建立了互助对子，定期提供心理咨询和心理疏导。几年来，开展各类社区服务300余次，直接或间接受益8000余人次。她现任北京市石景山区第四届青联委员、北京市社会管理学院儿童社会服务专业指导委员会委员。个人先后被北京市妇联授予“巾帼创业先锋”、北京市社团系统先进个人、“石景山区三八红旗手”荣誉称号。

15.**朱佳琦**，房山区拱辰街道宜春里社区团支部书记、居委会委员、社区青年汇总干事。她在每年寒暑假举办社区假期国防教育知识讲座等青少年实践活动。组织团员青年开展“铲除小广告，创造美丽家园”志愿服务。她带领广大青年参加新城市体验营活动，参观消防基地、特警基地、首钢总公司，组织年轻人参加“北京范儿——唱享幸福家园”长阳音乐节活动、园博园长走大会、房山长沟长走大会。与北京市志愿者联合会开展 “亲子游戏教育专场活动”，与北京工商大学开展“青春红丝带”防艾宣传教育、预防禽流感知识宣传活动，与北京理工大学联合举办“婚姻家庭与继承”为主题的法律知识进社区宣讲活动，组织开展“凝聚青年力量 实现中国梦想”情系中秋·青年大团圆活动。2011年被选举成为房山区人大代表，2012年被选为共青团北京市第十三次代表大会代表，2011年、2012年获房山区创建工作优秀团干部，2011年获拱辰街道“勇担发展使命 共创拱辰辉煌”演讲比赛第二名，2011年获拱辰街道党史知识竞赛第二名，2012年获拱辰街道优秀社区工作者。

16.**朱宁雁**，石景山八角街道茂华大厦工作站专职从事商务楼宇工作站工作。她不仅帮助工作中接触到的弱势群体，还主动联系网络上的求助对象，设法提供力所能及的帮助，包括告知政府对于特殊人群的优惠政策并协助他们办理手续、照顾其生活、提供物质帮助、定期探视和介绍工作，为楼宇有用工需求企业和社区有求职意向的居民搭建桥梁。引入社会公益组织建立“快乐小陶子流动儿童图书馆”、乐龄合作社和美新路公益基金，在楼宇招募了80多位青年志愿者；争取企业资源和其他社会资源，将其与政府资源相结合，发起数次有较大社会影响力的公益活动，包括长期接收闲置衣物并捐给贫困地区、“我为北京添绿色”植树活动、系列公益相亲活动和应急救灾专项培训活动等。在潜心研究社工职业水平考试教材的基础上，正在摸索建立社工助考平台，并参考联合国粮食计划署的公益网站Freerice，努力将社工专业化发展和公益事业相结合，探索一条新路子。

17.**安静**，工作于门头沟区大台街道玉皇庙社区居民委员会。所在的社区处于山区矿区，地形复杂，老旧房屋和流动人员多。工作中，她不惧危险、不怕苦累，沉下身子踏踏实实，从点滴做起，圆满完成各项工作，受到社区居民的高度评价。春天，她参加巡逻、站山头预防森林火灾；夏天，她参加防汛排查危房隐患；冬天，则要冒着严寒在山路上挨家挨户查煤炉安风斗预防煤气中毒。平日里，她积极参加社区环境整治，在高达几十米的陡峭垃圾坡上手撑着土地捡拾垃圾，在污物横流恶臭熏天的臭水沟中清理淤泥；而换上了干净的衣服，她又会出现在孤寡老人和残疾朋友家里，为他们打扫卫生、整理衣物、送水送菜，并陪着他们度过了一个又一个难忘的节日。“7·21”暴雨洪灾发生后，她全心投入抗洪抢险中，搭帐篷、转移安置灾民、为受灾群众捐款，在凌晨漆黑的山路上护送了一个又一个家庭到达避险地点，所负责的社区，没有一个人在雨灾中受伤。

18.**蔡霞**，工作于建外街道永安里东社区。自2003年考入建外街道从事社区工作以来，蔡霞不断在工作中创造出特点、亮点，成为社区工作中一道亮丽的“彩霞”。先后成立了书法绘画班、英语班、太极拳队、合唱队、舞蹈队，大大丰富了居民的业余文化生活，被评为基层优秀党务工作者、优秀共产党员、北京市优秀群众体育指导员。在担任社区主任和书记期间，创办了《北郎人》社区报，倡议并组织建立了“一滴水”公益基金；推出了长安街“一岗、一伞、一保安”的点位防控模式，该举措被街道综治办推广，形成了建外大街一道亮丽的风景线；率先将国际上最新的“4D系统”培训课程引进到社区，创立了“彩虹社工学习社”，制订了《社工专业素养与实务技能发展计划》，聘请4D导师专门授课，将社区工作实务与国际化、先进的社工管理理论相结合，使社工团队在工作技能和精神风貌上的国际化、专业化等特点更加突出。在社区工作的这些年里，所有的大年三十蔡霞都是在岗位上过的，加班加点难以计数，连续多年没有休假，为社区建设呕心沥血。

19.**陈奇才**，东菜园社区党组织书记、居委会主任。他始终把居民利益放在心头，面对辛苦从不抱怨，面对成绩从不满足，面对困难从不退缩，用行动诠释了一名共产党员的责任和热情，被评为“社工之星”“十大优秀社工”“优秀党员”“先进党务工作者”。他带领大家改变社区破败面貌，解决了困扰居民多年的“房屋漏雨”“电线撞脑门，打脑勺”等问题；优化美化环境，安装健身器材，引进科普社区建设理念，让社区成为大家休憩、放松、学科普知识的乐园。对一些老“上访户”，善于将感情、法律和解决实际问题结合起来，成功化解矛盾，促进了社区和谐。陈奇才用求真务实的工作作风和爱岗敬业的工作热情，得到了上级领导、社区党员和居民的普遍认可和肯定。东菜园社区党总支也被评为“先进基层党组织”“密云县社会领域优秀基层党组织”“创先争优服务群众优秀党组织”。

20.**代桂春**，2012年7月应聘到海淀区永定路街道任八街坊西社区居委会主任兼服务站站长、社区党支部书记。是一名取得中级社工师资格的社区主任。以社工专业精神提升服务水平。对于老年社会工作，提倡“人性化管理、个性化服务、专业化介入、社会化互动、维护老人残存功能、开发老人自助潜能”的理念，在社区成立了老年互助社，让有行动能力的老人找到属于自己的活动平台，让有潜力的老人发挥自己的价值，让孤独的老人找到自己的朋友。成立青少年读书会、暑期活动小组，让孩子们在自己设计的活动中寻求快乐。用文化建设带动精神文明建设。组织建设了社区活动站、社区健身区、益民书屋等文体设施，开展形式多样的文体活动和公益讲座，使社区居民老少有所乐、青壮有所为，在市、区组织的活动中多次获奖。在她的带领下，社区居民积极参与各项活动，社区获得了计划生育先进集体、北京市全民健康生活方式示范社区、充分就业示范社区等多项荣誉。

21.丁蕊，西城区厚朴社会工作事务所创始人之一，并担任副总干事。在企业社会工作方面，她带领团队总结EAP本土模式，以企业EAP理论为指导，将服务拓展到楼宇社会工作服务领域，策划了“员工帮助计划——开心工作坊”项目，收到良好效果。在民族社会工作方面，积极参与“城区民族社会工作事务所创新基地”建设，协助搭建牛街街道社区社会组织公益服务发展园区，为有发展意愿的社区社会组织提供了一个具有政策鼓励、资源共享、服务完善、舆论推崇的成长环境。

在她的带领下，事务所还策划并实施了“社区社会组织培育和发展项目”“服务社区组织 促进社区参与”“厚朴之光”职业社工培训计划、“社工+义工”“蒲公英”行动等14个服务项目，灵活运用个案工作、小组工作、社区工作、外展活动等方法。总结了很多本土化的社会工作服务模式，得到社区居民、组织领袖、社区居委会的一致认同，也得到了中国青年政治学院、首都经济贸易大学北京城市学院等院校专家的认可。

22.**高晓霞**，东城区建国门街道外交部街社区党委书记兼居委会主任，社工师。

在她的带领下，创建了“党建为牵手·资源共双赢”的党建品牌；开展“党心连民心，亲情进万家”活动。走访慰问孤寡老人、残疾人、低保家庭、困难家庭等500余人，召开了“和谐邻里节”，让弱势群体感受社区的温暖和政府的关心。经她提议并组织，在外交部街社区组织了“益和爱”活动，组织爱心人士捐赠毛线，编织围巾帽子等编织品，捐献给西藏等边远贫困地区的儿童，已为西藏阿里地区的数千名贫困儿童送上了来自祖国首都的温暖。联合北京苹果基金会策划开展了“公益编织节”系列活动，举办了“编织温暖，传递爱心”首届公益编织节成果展示暨西藏阿里“爱心校车”慈善拍卖。先后被评为北京市先进社区居委会主任、首都“迎奥运、讲文明、树新风活动”先进个人、“东城区群众信得过的社区居委会主任”、东城区十佳社区治保主任、北京市孝星等。

23.**高彦**，房山区迎风街道宏塔社区居委会党总支书记、居委会主任。高彦同志在平凡的工作岗位上做出了十分突出的成绩，连续多年被评为“优秀共产党员”“优秀居委会主任”“优秀妇联干部”。她牵头建立了创建党员服务队，将党组织活动、党员志愿服务工作始终贯穿在党建工作之中，利用每月的党员活动日为社区孤寡老人、残疾人、身患重病的特殊人群进行入户贴心的服务，其优秀事迹接连被《燕山油化报》、燕化电视台、《房山报》、房山电视台、《北京日报》等多家媒体予以报道。她始终身先士卒冲在一线，即使在因工受伤的情况仍然忘我投入工作。特别是在“7・21”抗洪救灾当中，她带领党员服务队员冲在抗洪第一线，及时排除灾情隐患，为民解忧助困，用自己的实际行动赢得了广大社区居民的一致认可和好评。

24.**胡蕊**，西城区社会工作者联合会社区项目负责人、社工师。作为一名老年社会工作者，她以“生命影响生命，爱心感染爱心”的价值观为遵循，全身心投入老年社会工作，在平凡的岗位上创造了不平凡的业绩。她帮助社区老人申请低保开启新生活，搭建“不倒翁”义工团队。在西城区范围内广泛推进以“身体不倒、精神永葆”为目标的“不倒翁”义工行动。该活动开展三年来，使全区受益老人达到一万多人。她创立了社工带义工机制，由专业社工对义工开展相关活动提出要求、介绍有关知识，培训与老人沟通的技巧，安排优秀义工进入养老机构、医疗机构及社区进行志愿服务；实现资源有效对接，使社工在资源搭建、对接过程中担当起了资源整合者和协调者的角色；依托社区主体融入专业化服务，以前海北沿社区为主体，以睦友社会工作事务所为专业力量，充分调动驻区单位资源开展志愿助老服务。

25.**贾大同**，昌平区回龙观龙腾苑六区居委会主任。他在工作中积极运用中国传统文化中的和谐理念，通过推动社区文化建设加强邻里关系，取得了明显成效。

在他的带领下，已连续六年成功地举办了社区庙会，通过组织看花会、听京戏、观武术、扭秧歌、敲腰鼓、品小吃和“我为母亲唱首歌”“远亲不如近邻”等活动，丰富了社区生活。他举办了书画班、电脑培训班、中老年烹饪班，参观游览等各种文体活动，让老人们做到空巢不空心，为他们提供一切便利条件，多次组织到国家大剧院听交响乐、看话剧。他注重培养邻里亲情。社区的各种文化生活为提升社区空巢、独居、高龄老人们的生活质量构筑了平台，使参与的老人们得到充分的精神慰问，化解了矛盾，建立了友谊，促进了家庭和社区的和谐。

26.**靳伶**，海淀区西三旗街道小营联合社区党支部书记兼居委会主任，社工师。她是一名军人的妻子，丈夫远在边疆献身国防事业。结婚16年，她一个人料理家务、照顾老小，默默承担起了整个家庭的重担，被评为“好军嫂”。作为一名优秀的社区领路人，她善于学习，勤于思考，乐于奉献，在社区建设中取得了突出成绩。她团结带领社区“两委班子”探索创新工作方法，全力打造“1+1+7”社区品牌，千方百计地为社区居民提供亲情化服务。一有时间，她就走进居民家中，热心帮助困难党员群众解决实际问题，精心培育社区社会组织，鼓励他们参与社区建设，共同解决社区的热点、难点问题。多次被评为西三旗街道优秀共产党员、优秀党务工作者、“十佳”党支部书记、海淀区先进居委会主任、海淀区优秀党务工作者、海淀区优秀人民调解员等。

27.**李涵**，工作于北京超越青少年社工事务所。作为一线司法社工已经为200余名涉罪青少年提供专业司法社工的服务，为对未成年人的权益保护、普法教育、人文关怀等方面做出了自己的努力。作为北京市首批司法社工，她与事务所的社工已经共同服务了1000余名青少年，他们以关注青少年的成长与权益保护为主要目的，帮助他们提升自我认知能力、自我反思能力与法律意识，陪伴他们走过整个司法流程。在直接接触涉罪青少年的同时，李涵还对一些家庭支持系统及部分社会支持系统进行调研、支持，青少年违法犯罪问题时常反映家庭与社会等支持系统存在的问题，对青少年成长环境进行干预工作，旨在给青少年创造良好的支持环境，同时促进家庭和谐、社会和谐。作为关注青少年刑事犯罪的司法社工，李涵积极参与对刑事犯罪未成年被害人的服务，为被害人及其家人提供专业支持，并通过事务所帮助其联络资源，支持被害人顺利度过特殊时期。

28.**李微**，工作于东城区和平里街道交通社区。女儿患病多年，每周要透析三次，巨额的医疗费用使她的家庭生活得并不轻松，对于她的心理也是不小的打击，李微却很少向上级向同事提及她的困难，兢兢业业工作。在她的带领下，交通社区作为街道“六型社区”创建的市级示范点，在第一轮评估中获得了全市第三名的好成绩。

交通社区是一个多民族聚居的特色社区，辖区内有包括蒙古、藏、维、哈、朝等27个少数民族，有民族出版社、民族团结杂志社、民族画报社等单位。社区通过丰富多彩的活动形成了“民族团结”品牌。李微来到交通社区后，不但坚持在开斋节、古尔邦节、那吾热孜节、朝鲜族老人节等民族特色节日期间开展活动，还推动社区民族特色工作不断向前发展。成立社区民族工作委员会，建立健全融合互学、窗口接待、联系交友和信息通报等民族工作制度，突出文化团队、民俗、美食和节日等“四特色”，促进各民族融合，关注各民族利益诉求，尊重各民族风俗习惯。

29.**吕向东**，通州区北苑街道新华西街社区主任、书记，残疾人职业劳动康复站站长。2008年3月以来，北苑街道办事处在新华西街社区成立了温馨家园职业劳动康复站，有15名智障的孩子在温馨家园进行康复活动。当他看到这些障碍程度这么重的残疾孩子时，决定为这些孩子提供家一样的环境。从精神、心理、生活等全方面照顾这些智障孩子。他成立了专业的康复服务队伍，配备专业的康复人员对这些学员进行照顾。

几年中，他做过很多事，例如带学员外出参观、做趣味运动会、给学员联系各种健康知识讲座等，只要是对学员有益的事他都努力去做。在他的带领下，每个康复学员在动手、动脑、语言表达等方面都有了不同程度的提高。

30.**马小娇**，北京市大兴区博恒司法社工事务所负责人。在开展工作时，马小娇不断尝试运用社工知识和方法，与服务对象进行真诚沟通，而不只是停留在简单的监管与说教上。在走访中，深入了解服务对象的实际需求，找到个体的问题点，制订有针对性的矫治方案，帮助他们恢复社会功能，顺利回归社会。工作中，会遇到各种各样的阻挠，面对服务对象的不理解、面对家属的不配合、面对各种质疑和冷眼，始终以社工人的心态对待，并通过不断努力改变大家对社会工作者的认识。2013年，大兴区司法局将社会工作引入社区矫正工作中。而后，由马小娇作为负责人的专业司法社工事务所负责——这在全市乃至全国尚属首例。能够参与矫治帮教工作的创新，推动司法制度改革是马小娇的荣幸，同时，也使马小娇感到这代社工人的使命和职责，马小娇说，她必将勇往直前，为社会工作的发展奉献自己的一分力量。

31.**聂春**，工作于丰台区志愿者联合会。2012年5月，聂春被抽调到北京园博会人力资源部志愿者组参加园博志愿服务筹备工作，光荣地成为一名北京园博会前期志愿者。先后起草了北京园博会招募工作相关文字材料，包括《北京园博会志愿者招募通用政策》《北京园博会骨干志愿者招募选拔方案》等，并先后于2012年8月完成了150名骨干志愿者的招募工作，2013年4月完成了1万名高校志愿者的招募工作，2013年5月完成了专业志愿者及第一批社会志愿者的招募工作。2013年5月18日，伴随着的北京园博会的盛大开幕，聂春又投入北京园博会永定塔园博馆片区的志愿者管理工作中。为了保证片区工作的顺利开展，每天她都要5点半起床，7点半准时到达北京园博园开始一天的工作。

32.**秦雪艳**，2012年3月至今任怀柔区泉河街道富乐社区副书记 。2009年由于工作需要，她来到了富乐社区。富乐社区有居民2015户，5700余人，17个小区楼院，46栋楼。大部分都是老旧小区，一栋楼或两栋楼就是一个小院，不成规模，而且楼房与村镇平房相互交错，环境破烂不堪，街道污水横流，空地杂草丛生，楼院乱堆乱放，居民怨声载道。她迅速摸清了各个小区楼院的基本情况，了解了居民的所思所想。抓强社区自治队伍，成立小区楼院业主委员会。委员会代表主要拟定为居民组长、居民代表、骨干党员、楼顶业主和一层业主。她逐一做思想工作，同意后进行居民选举。本着成熟一个、成立一个，成立一个、就发挥作用一个的理念，经过不懈的努力，无数次地深入居民楼院，成立了17个业主委员会，85人的业主委员会队伍，使本社区成为泉河街道第一个业主委员会全覆盖社区。居民的居住环境得到了良好的改善。加强老旧小区基础设施改造，改善居民居住环境，解决居民根本困难。

33.**任力欣**，2011年创办朗润社会工作事务所。他一直帮助社区内有心理需求的个人和家庭，他的电话也几乎成了社区居民咨询心理问题的热线。他几乎每天奔走于社区家庭之中，对有需要的家庭进行无偿的帮助和指导。辖区一女性居民多次实施自杀行为，任力欣平均每周都要到这个家庭走访两次了解情况。慢慢地，这个家庭和任力欣建立了非常融洽的咨询关系，任力欣帮助这个家庭恢复了和睦和稳定的家庭关系。2013年5月，任力欣通过与北京市未成年犯管教所以及北京市团市委的领导接触后了解到未管所的孩子们对于心理健康教育方面的需求，与未管所共同合作，成立了朗润社工事务所驻未管所工作站，定期为那里的孩子进行心理疏导。同时，任力欣还联系了一些公益爱心企业，为未管所的孩子们举办模拟招聘会以及相关的职业技能培训，帮助孩子们提前适应社会，重新树立生活的信心与目标。

34.**孙左霞**，龙山街道望怀社区担任社区党委书记兼居委会主任、服务站站长。她为低保家庭、残疾家庭提供义务服务，出资近万元解决困难家庭的生活难题。她向社区党员、居民代表发放《社区建设意见表》，以此为索引来开展“菜单式”需求服务。完善制度和机制，解决党员学习需求，定期开展教育活动，做到室内与室外相结合；建立党员关怀关爱机制，为75岁以上老党员过生日，及时看望生病党员，重大节日对突出贡献的党员电话或入户访问，让党员同志能够享受到党的关怀和关爱；完善向党员汇报制度，每年至少两次（6月、

12月），社区必须召开党员大会，向各位党员进行半年工作汇报、存在的问题以及下一步的工作设想，便于党员的监督。每月召开居民常务会，有95%的是党员，他们等同于党员代表，每月的议事协商、工作通报更加及时。满足精神文化需求。

35.**王蓓蓓**，2011年底，王蓓蓓来到曙康社工事务所。在机构管理方面，她新定立并完善了社工日常管理、工作评核、项目管理、志愿者管理等方面的机制，并重新修订，汇编成册。在服务发展方面，从项目设计引导社工注入尽可能多的社工元素，以便为服务对象带去更专业的服务，同时也为社工个人专业成长提供实践积累的机会。结合机构生存发展的现实情况，平衡各方考量，一方面开展综合性公益服务，竞投政府购买项目，以保证机构生存；另一方面，逐渐引导社工对能够体现更多专业性的服务领域有所侧重，逐步调整人力投入，梳理出曙康在志愿服务及青少年服务方面的工作重点。在团队专业成长方面，首先以项目入手，对每个项目的方案设计、实施步骤、具体活动设计、开展及活动检讨、服务评估等方面，进行小组督导，引导社工讨论、反思，以修正和改进服务。

36.**王桂芹**，2011年初与志同道合的朋友一起自发到养老院为临终、重症老人服务，成立“北京十方缘老人心灵呵护中心”，王桂芹担任该组织理事长。十方缘也成为在社会组织孵化器——恩派孵化过程中成长最快的组织，更成为2012年度“北京市千家为老服务示范单位”。王桂芹在不断的服务中也达到了四星级义工标准，成为服务领队，带领十方缘义工伙伴参与服务，仅2013年初至今已带队服务33次，成为服务次数最多的义工，个人陪伴老人达67位。在组织平日的养老院服务活动外，王桂芹还积极探索社区为老服务和培训志愿者的新模式，分别在西城区月坛街道汽南社区、西城区展览路社区、东城区东花市南里社区、安贞社区进行了十方缘相关培训，为社区的临终老人得到心灵呵护服务培养人才，也让志愿者们学习十方缘心灵呵护的“十大技术”，让社区形成良性的养老体系，让老有所养的社区风气蔚然成风。

37.**王世杰**，2008年底至今担任北臧村镇温馨家园园长。为了能更好地为残疾人服好务，五十多岁的他，从汉语拼音学起，逐步学会打字、上网查资料；从简单的音符学起，渐渐掌握了一定的乐理知识，并自学了几样乐器的使用；从常见病、多发病的预防学起，到临场抢救。王世杰发挥自身文艺特长，积极组织残疾人开展各类文艺活动，带领残疾人编排了歌曲、戏剧、小品等文艺节目30余个，广泛参加残疾区镇各类文艺演出、比赛，获得了广大群众的一致好评，受到上级领导的表扬与鼓励，不但丰富了残疾人的精神文化生活，帮助残疾人树立自信，还极大地促进了残疾人融入社会大家庭，推动了对全镇残疾人事业的发展起到了积极的促进作用。北臧村镇温馨家园在王世杰的精心照料下，从建园之出的十几名残疾人，发展到现在的百余人，把温馨家园办得红红火火，每天充满了欢歌笑语。

38.**王文军**，在平谷区残疾人联合会从事社工工作。王文军的工作就是展现残疾人风采，丰富残疾人生活，宣传残疾人事迹。除了做好本职工作以外，王文军还积极帮助辖区内的残疾人组建艺术团，演员们都是喜欢文艺的残疾人，王文军主动帮助他们排练节目，带领他们参加各类演出。和健全人不同的是，一个节目从排练到呈现舞台残疾人演员要比常人付出更大的努力，看不到歌词的只能多听多练，行动不便的一次次地摔倒再站起来。参与文化体育活动不仅能够增强残疾人体质，而且通过文体活动，残疾人能积极参与社会生活，增添生活情趣，陶冶情操，促进身心健康，扩大生活领域。艺术团从2012年成立以来，在每年的助残日都会举办专场演出。2013年，他们已经在5个乡镇举办了多场演出活动，深受群众的欢迎。

39.**王艳丽**，工作于香水园街道办事处新兴东社区。在她的努力下，新兴东社区先后荣获全国社区志愿服务组织工作优秀奖、北京市先进社区居委会、首都平安示范社区、首都文明社区、首都绿色社区、北京市社区志愿服务组织之星、首都交通文明社区、首都花园式社区等荣誉。她成立了首家“小巷总理论坛”，组织社区内的各界能人对社区存在的问题，畅谈自己的看法，商讨解决办法。退休在家的法律专家、老领导重新上岗，成了居委会的智囊团。她协调资金，先后对辖区三个居民区全部实行了封闭式管理和小区监控系统。进行设备改造和技术更新；动员居民集资5万元，新建8个大型车棚；协调资金102万元，接通了温泉花园小区天然气；关闭了香苑小区东墙外严重扰民的重型停车场等，共近千件实事。通过王艳丽的努力，香水园街道新兴东社区实现了无造成重大影响的群体性事件、无越级进京上访、无重大治安事件、无重大安全事故发生的“四无”好成绩。王艳丽被评为2010年度、2011年度优秀社区专职工作者，2012年度延庆县优秀志愿者。

第三届首都最美社工及优秀社工

第三届“寻找首都最美社工”活动2014年开展，共评出首都最美社工11名、优秀社工39名。

一、首都最美社工（11名）

（一）最美社区带头人张生泉

密云区果园街道果园西里社区　张生泉

张生泉，果园西里社区党总支书记、居委会主任。张生泉从到社区的那一天起，就把“立足创新促和谐，真心服务求发展”作为自己工作的宗旨，发扬“无私奉献、团结协作、开拓进取、勇于争先”的精神，全面提升社区党组织、居委会的服务水平和凝聚力，促进了果园西里社区的全面发展，得到了各级领导和社区居民的广泛支持和好评，两次被评为北京市优秀社区居委会主任。

他带领社区工作者建成北京市首批规范化示范点、一刻钟服务圈建设示范点、六型社区建设示范点、民主法治示范社区和密云县（现密云区）首批“三社联动”示范点。推行党建项目化创新，深化社区党组织“三级网格化”“社区民情联络图”服务模式，使街道的党建创新平台得到全面推广。在社区工作中，他积极宣传社会工作助人自助的理念，普及社会工作方法。使个案工作、小组工作、社区工作的方法和技巧，结合社区工作实际需要，都得到了推广与实践，提高了社区工作人员的能力和服务效率。社区有6人获得社会工作专业职称，走出了3名社区书记、主任，走出和提升了5名副书记、副主任和副站长。他勇于创新，打造特色服务，开展丰富多彩“邻里节”活动，推行“走动式工作法”，努力完善社区的服务机制和服务设施，为居民提供优质服务发挥示范引领作用。

在他和社区班子与全体居民的努力下，所在社区被评为国家级“优秀文化社区”“减灾示范社区”“全国创建学习型家庭示范社区”和“全国妇联组织建设示范社区”，并获得北京市“优秀社区居委会”“健康示范社区”“优秀科普社区”“节水型社区”的荣誉称号。

（二）最美医院社工关婷

北京大学人民医院　关　婷

关婷是北大的硕士研究生，是首都医务社工的先行者。在医务社会工作领域，她创新性地建立了具有本土化和常态化模式，在专业扶助患者、调解医患纠纷、引领医务志愿服务等多个方面做出了突出贡献。

关婷积极发挥自身专业所长，与临床科室和同事密切配合，以患者社会心理多层次需求为出发点，创新性地开展了包括就诊引导服务、透析室患者陪伴服务、急诊室服务、为患者提供图书借阅服务、关爱患者服务、手术室患者陪伴服务、健康教育在内的17项志愿服务工作。这些志愿服务为患者和医护人员搭起了交流的桥梁，促进了医患关系的和谐。

她将医疗服务延展到社区，积极开展社区健康教育活动，组织医院内医务工作者走进社区服务居民百姓，重塑了良好的医院形象。她与临床科室密切配合，创新性地拓展了医院的服务领域；她以志愿服务理念和技巧为切入点，开展100余场培训，培训志愿服务者3000余名。她坚持边工作边科研，参与并承担多项国内处课题，在《中国高等医学教育》等杂志上发表文章十余篇。同时，她还担负了为首都经贸大学等数所高校学生讲授医务社会工作的理论与技巧课的任务，是北京大学、北京师范大学、中国社会科学院等高校的社会工作专业实习督导，激励着更多的社会工作专业毕业生投身于医务社工领域。她与所在北大人民医院探索的医务社会工作模式得到国家卫生部的充分肯定。

关婷常把自己比作一只萤火虫。她相信，萤火虫虽然微小，但若将一大群萤火虫聚集起来，就可以如灯泡一样发光发热。

（三）最美商务楼宇社工韩青

马家堡街道时代风帆大厦工作站　韩　青

韩青，马家堡街道时代风帆楼宇党委专职副书记、工作站站长。在职期间，她积极探索楼宇群团工作管理新机制，建立“四联动”工作机制，通过场地联用、人员联管、活动联抓，工作联考做到同部署、同检查、同考核，规范了楼宇专职工作者的服务准则，使楼宇群团组织管理逐渐迈上了新台阶。

经过几年的探索和实践，韩青对楼宇党建工作总结提炼出了“六个一体化”工作模式，实现了组织架构、学习教育、信息管理、社会服务、资源整合、活动开展，实现了六栋商务楼宇从“独栋单打”向“楼群整体联动”的模式转变。她提出了党员电教“五步教学法”，依托信息化网络打造了以“一网一群一平台，三库一站两课堂”为基础的信息化党建工作平台，同时尝试把税务、工商、交通、劳动监察等8个职能部门引入楼宇，建起了咨询、受理、投诉于一体的楼宇管理服务平台。

2014年，她又以3G技术和“云安全计划”为依托，开启了“时代微党建”项目，推进了楼宇党建的科学发展。通过“微党建”手机平台，使各级党组织、党员和企业出资人能随时随地获取深度的党建资料、实时的活动信息，并能将分散在辖区各地的党员联系起来，采取“现场与网上互动、集中与分散结合”的方式组织活动，对党员实施“精细化管理、细致化服务”，实现了服务管理工作的“全员覆盖、动态参与、异地同步、实时交流、专业支持”目标，强化了党建工作的灵活性和实效性。

她带领的团队多次接待中组部、中央统战部、市委组织部的调研活动，经验做法也得到了他们以及外省市的充分肯定，韩青同志被评为北京市“三八红旗奖章”、丰台区“优秀青年人才”荣誉称号。

（四）最美“多面手”社工胡蕊

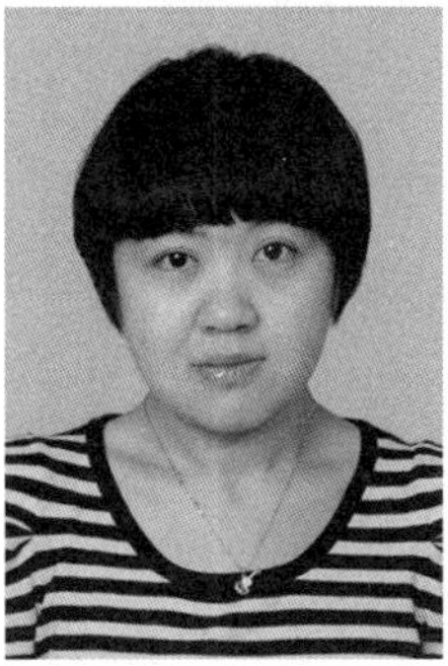

西城区社会工作者联合会　胡　蕊

胡蕊来自西城区社会工作者联合会，是联合会党支书兼会员部负责人。在联合会中，她是工作的多面手：既抓团队建设，又管支部党建，同时还负责做好宣传工作。她在工作期间主要参加了西城区委社会工作委员会“以会带所”社工队伍模式的实践与研究；作为社区、养老机构、老年医院三位一体养老模式的实践与研究骨干成员，主持进行以“不倒翁”义工行动为依托的社区养老模式的实践与研究。

在睦友社会工作事务所工作期间，以胡蕊为代表的专业社工在社区开展了老年社会工作服务，通过银龄老年公寓的专业实践，总结出了以“行政—医护—社工”三者为支撑的养老机构服务模式。以此为基础，在西城区范围内广泛推进以“身体不倒、精神永葆”为目标的“不倒翁”义工行动，将医务工作者、社区骨干和优秀学生志愿者引入志愿者资源，领导专业社工进行资源搭建和供需对接，组建起一支“社工+义工”专业团队，活动开展三年来，全区受益老人达两万人。

为做好联合会党建工作，她积极发展社工行业的优秀人才加入党组织，进一步激发组织活力，创新组织活动，切实发挥了党组织对人才的管理和引领作用。

在会员宣传工作中，她所负责的西城区社会工作者手机报和西城区社会工作者联合会微博成为发布西城区社会工作信息和联合会工作动态的重要窗口，促进了西城区广大社会工作者交流和沟通。

胡蕊同时是一名社工理念的积极倡导者。她积极参加“中国梦，我的社工梦”宣讲活动，通过自己的社工故事，感染到身边更多的人走近社工。同时，她每年都要坚持带领社工专业大学生进行专业实习，与学生分享从事社工行业的心得体会，提供从事社工职业的意见和建议。

（五）最美乡镇社区社工马里

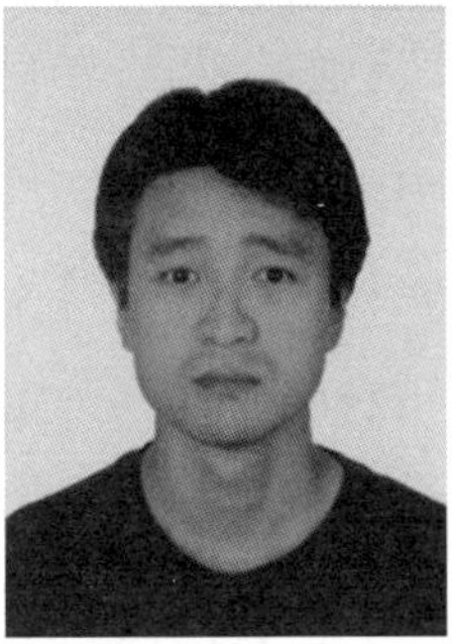

延庆区大榆树镇社区　马　里

自加入社区工作者支队伍后，马里一直以饱满的工作热情、奋发有为的精气神投入自己心爱的社区服务工作之中，得到了社区干部群众的一致好评。

服务居民，无私忘我。到大榆树镇社区工作以来，马里始终兢兢业业、无私忘我地为社区居民服务。2012年“11·3”暴雪突袭延庆，他忘我投入，简单安置好待产的妻子后，徒步十几公里为受灾群众送去米面和棉被，蹚着一米多深的积雪援救困在山里的养殖户，硬是把被困的一对老夫妻俩背出了山。

为民服务，刻苦练功。日常工作中，马里时刻牢记工作职责，把“建设和谐社区，贴心服务百姓”作为工作中坚持不懈的努力方向。对申请红十字大病困难人员，认真收集、审核资料，入户摸排情况，及时上报。为了服务好居民，他利用点滴时间刻苦学习，考取并获得了助理社会工作师、国家三级心理咨询师、一级社会体育指导员、会计从业资格证等多项职业资格，率先把专业的工作方法运用到工作之中，成为大家公认的业务能手和骨干。

创新工作，成绩突出。他加入“惠民政策宣讲团”，把相关的理论、政策和农村社区管理等文件编成简单精练、通俗易懂的宣讲稿，利用农闲时间，奔走于镇内各村和基层社区，与群众零距离宣讲、解析与群众生产、生活密不可分的政策理论、办事程序，常坐到群众家门口与群众面对面地交流、沟通，深得群众赞许，被百姓称为“服务贴心人”。

他始终坚守着一名社区工作者的认真和执着，用奋进的激情来投入工作，用饱满的热情来服务群众，把群众的小事视作自己的大事，更把做好每件小事当成温暖民心的头等大事。用专业的理论来开展工作，用青春的激情和汗水践行着社区工作者的使命。

（六）最美敬业爱业社工黄锂

朝阳区玖诚社会工作服务中心　黄　锂

黄锂从2000年开始从事社会工作，在工作中积极为一线服务社会组织提供有针对性的组织管理咨询与能力建设培训服务。他2011年之后来到朝阳区，在市区社会办的指导下，努力建成了配合市级社会组织孵化中心的“朝阳区社会组织综合服务中心”。中心联系200多家社会组织，培育十几家社会组织，组织培训、交流等活动近百场，服务人数达到3000多人次，受到市、区领导的多次好评。

在完成工作任务的同时，黄锂注意对工作经验进行总结，将自身经验开发成课件与区内的社会工作事务所和青年社工进行分享，注重促进社会工作事务所的能力提升和青年社工的培养，其撰写的《朝阳区社会组织综合服务中心培育实践的探索》被《北京社会治理发展报告（2013—2014）》（蓝皮书）收录。

2013年初，由于长期的高强度工作使颈椎病发作，黄锂昏倒在工作岗位上，由于身体原因辞去了工作进行休养。但是，对社会工作的热爱又使他闲不下来，在一年的时间内走访大量的社会工作机构，担当了一线社会工作事务所的督导。

通过反思以往的社会组织服务中心等支持社会工作，体会一线社会工作事务所工作的实践，黄锂越来越意识到社会组织规范化发展工作的重要性与服务空间，在社会工作领域创业的意识越发强烈。在朝阳区社建办领导的鼓励与支持下，他于2014年4月发起成立了朝阳区玖诚社会工作服务中心并任中心主任。机构创立伊始，他积极在社会工作服务成效评估与项目规范化等方面进行工作创新尝试，组织专家研讨与开发有针对性的项目评估体系，在工作中努力创新，变专家评估会为上门检测、现场评估等，将项目管理工作做细、做实，在项目管理规范化、社会工作方法实践与交流等一系列工作中做出了贡献。

（七）最美社工事务所社工刘战

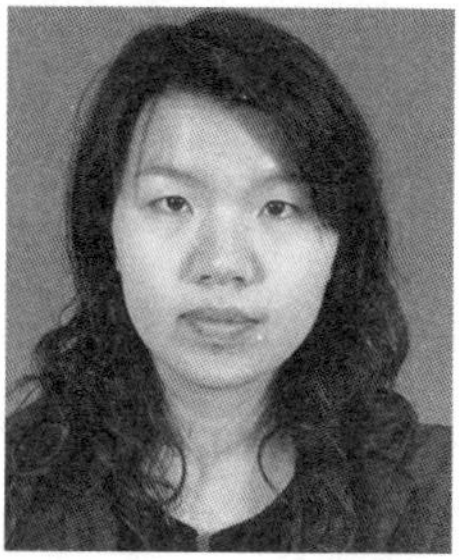

北京市东城区助人社会工作事务所　刘　战

刘战同志自2005从事社会工作以来，始终以为民服务的情怀、认真负责的态度、真抓实干的精神投身于自己的工作。勤奋工作，默默付出，为社区服务奉献出自己的一份爱。

在工作中，她勇于开拓创新，助推社会工作服务标准化，在实施项目中将事务所的品牌逐步做强、做大。上任以来，她始终保持清醒头脑，始终坚持用专业的手法服务民众、服务社区，在项目服务中最大化地发挥专业性。她所在的助人事务所也从原来承接简单的社区工作项目，慢慢发展到学校社会工作领域和司法社会工作领域，在同行业中打造了良好的口碑与品牌，受到项目管理部门的一致好评。

她积极主动与多家机构合作，整合、链接诸多资源，从2012年到至今，事务所与北京多个机构、政府部门都建立了合作关系，还与我国香港、我国台湾、马来西亚等地方多有合作。另外，还邀请北京青年政治学院、北京农学院、中国青年政治学院等院校的教师专家来事务所讲座、调研、做课题，为高校提供了学生的实践基地，为社会工作教育提供了实务阵地。

在机构新员工的成长方面，刘战同志也是认真对待，她认为只有认真管理才能出人才。事务所建立了每周一例会、每月一督导制度，还经常邀请其他机构的负责人到事务所进行专业督导，对于年轻社工的成长给予很大的帮助与支持；此外刘战同志经常与社工进行交流，解决年轻社工的生活、情感问题，是大家的知心朋友。为了扩大年轻人的视角，多次为青年社工提供出去学习的机会，使每位社工都健康、专业地成长。

（八）最美和谐社区建设者彭立新

朝阳区亚运村街道安慧里社区　彭立新

彭立新，亚运村街道安慧里社区党委书记。在社区工作十余年里，她勤奋好学，开拓创新。

她不断探索，紧密联系辖区实际，借鉴网格管理理念，创新社会管理模式，把党组织建在网格上，建立了“五纵五横”的党建单元格，走出了一条党建网格化管理新路子。将社区的每一栋楼、每一个居民户、每一个社会单位、每条道路都纳入网格，实现网格管理无缝隙对接。每个单元格内有1~2个党支部，党委委员联系单元格。每个单元格组成“1＋1＋1”服务模式，即1个工作小组，加1个和谐促进员小组，加1个志愿者服务团队。建立了工作人员“十必清”、和谐促进员“十必报”、服务团队“十必访”工作制度，建立了由责任网格指导员牵头、网格人员参加的每月一次的联席会制度、党支部书记例会制度，完善了服务团队每周的走访排查制度，以及处理社区事务“一格两卡三处理”的工作方法。她主持调研并撰写的《党组织网格化管理模式研究——以安慧里社区为例》还获得了朝阳区党建研究会自选课题一等奖。

2009年初，在她的倡导下，亚运村街道成立了北京市首家街道层面社会工作师协会。经过几年的发展，协会已逐渐形成规模，共有53名具有社会工作师资格证或助理社工师资格证的会员。已与北京青年政治学院社工专业、中国社会科学院社会工作专业、中央民族大学等建立专业合作关系，并逐渐形成了“两帮带”的工作模式，即“高校专业社工带社工师、社工师带义工”的工作开展模式。协会在服务协会会员、服务社区居民、服务社会组织、服务社区工作中发挥了重要作用，对地区社会组织发展起到了示范引领作用。

（九）最美特殊人群服务社工任力欣

大兴区朗润社会工作事务所　任力欣

任力欣开设了大兴区第一家社会工作事务所。经过不懈努力、辛勤耕耘、创新进取，截至2012年，事务所已建立8个社区工作站点、42个社区青年汇，覆盖17个乡镇以及街道，并承接19个部门的政府采购服务项目，产成了良好的社会效益。

他毕业于北京大学法学专业，却对社会工作特别是心理咨询服务产生了深厚兴趣。他以公益为基础开始创业，从2009年开始在社区开展免费心理咨询和讲座，2011年成立北京市大兴区朗润社会工作事务所，并探索开展事务所的市场化运作，兼顾社会服务的同时实现了政府鼓励的实现社会组织自造血的目标。在北京团市委和北京市监狱管理局的支持下，他成立了全国第一个进驻监狱的社工工作站，成为全国第一个运用专业社工技术参与服刑人员改造的社工机构，参与服刑人员的文化教育、职业技能培训、兴趣培养和心理咨询与治疗工作，建立服刑人员心理及职业规划档案数据库，对服刑人员开展专业的“一对一”的个案工作，通过专家对服刑人员心理测评与心理调研结果进行分析，为帮扶方案的制订提供科学依据，最关键的是通过朗润的培训和指导，让更多的服刑人员释放后找到工作岗位，重新融入社会。

他承接的社会服务项目获北京市妇联优秀项目奖、“北京社会组织公益行”优秀公益活动奖。他积极投身公益服务，先后获得“北京心理卫生工作先进个人”“首都优秀社工”“首都最美社工宣讲团成员”称号，并作为“北京市未成年犯管教所帮教志愿者”“北京青少年服务促进会专家委员会委员—青少年心理健康专业委员会委员”，兼任12355北京青少年心理与法律咨询热线专家”“大兴区关工委关心下一代志愿团成员”“北京市大兴区庞各庄镇社区社会福利中心敬老爱心基地公益爱心人士”等。

（十）最美社区养老服务社工王艳蕊

石景山区乐龄老年社会工作服务中心　王艳蕊

作为乐龄老年社会工作服务中心主任，王艳蕊是较早探索社区养老服务模式的先行者之一。在该同志的带领下，乐龄老年社会工作服务中心先后获得英国大使馆文化处组织的社会企业家培训友成组委会特别奖、南都自我突破奖、壹基金“潜力典范奖”，积极践行着“为老服务”的工作宗旨。

王艳蕊积极摸索社区养老综合服务模式，不断提升养老服务的水平。中心先后成立了50支老年公益团队，12支帮扶队伍。老年公益小组开展自助或互助为老服务，进一步提高老年群体自主参与、自我服务的能力。从当初1个社区发展到现在（2014年）12个社区，建立了50支老年公益团队，核心老年志愿者300余人，非核心志愿者1000余人，受益老年群体近万人次。12支帮扶队伍为社区高龄、空巢及需要帮助的老人提供生活照料、精神慰藉等方面的关爱照顾。不仅如此，还成立了乒乓球、健身操、太极拳等运动健身团队，棋牌、戏曲、唱歌、舞蹈、管弦、书画、畅聊、摄影等文体娱乐团队，老年志愿者在实现自我价值的同时，还丰富了文化生活，传递了社区正能量，身心都得到了健康发展。

在街道支持下，成立了石景山区首家以日常专业护理为核心的乐龄日间照料中心，服务项目涉及贫困老年妇女援助、社区老人互助平台和居家老人专业护理等三个服务领域，形成了独具特色的乐龄公益社会工作助老服务模式。工作中，采取日托、全托、上门三种服务方式，为八角街道多个社区开展了老年餐桌、理发、助医、助浴以及日间照料等服务，受到领导、居民的一致好评。

（十一）最美“黑夜里的点灯人”张刃

北京社会心理研究所　张　刃

张刃现为北京社会心理研究所的助理研究员。2004年9月，他以音乐心理治疗师的身份，进入北京市强制隔离戒毒所“向日葵戒毒治疗社区”，开始了他禁毒领域的社会工作。他通过自己和禁毒志愿者的团队去帮助毒品成瘾人群戒毒，帮助成瘾者亲属走出家庭心理伤害。十几年的寒来暑往，他每周几乎都会坚持无偿到戒毒所为成瘾者做戒毒心理康复的社会心理服务工作，被他们称为“黑夜里的点灯人”。

他牵头组织筹建了“启明星”“绿丝带”“一线希望”等北京市第一批公益戒毒草根组织。针对青年大学生等毒品易染人群，他利用文化产品的宣传力量去弘扬“珍爱生命，远离毒品”的阳光生活方式，创作了大型音乐心理剧《瘾型人》，并担任该剧的作曲及策划工作。2008年6月，该剧在解放军歌剧院、海淀剧院等地公演，获得社会一致好评，2009年该剧获得了“北京禁毒文化优秀作品奖”，2010年该剧又获得

“北京优秀法制文艺作品奖”。他团结各界社会力量，利用年轻人喜闻乐见的禁毒文化产品，在大学生等青年人群中大力推广禁毒文化的社会工作，利用业余时间与中央戏剧学院师生联合策划创作了大型公益禁毒话剧《黑夜及点灯人》，2014年7月，该剧依次在中央戏剧学院、繁星戏剧村、北京市戒毒所等地公演，获得了广泛的社会好评和关注。

面对吸毒成瘾者，他感到了痛惜，更感到了责任，并决心在帮助他们的道路上一直走下去，为他们掌起“黑夜里的一盏灯”。

二、首都优秀社工（39名）

1.周瀛，西城区广安门外街道红莲中里社区的一名社区工作者。在周瀛的主导下，社区将2003年成立的“三位一体楼管会”重新整合成如今的“睦邻坊”，由原来的“管理楼院”转变为“为楼院居民服务”，以理念的转变促进社区服务的转变。她利用专业社会工作方法中的社区工作方法，引导“睦邻坊”的志愿者加强个人的社会网络建立，形成了邻里网络的互助模式。在“睦邻坊”这个平台中，周瀛和她的同事依据居民的不同需求设置了一些多元化的社区项目。通过建立社区互助体系，促进居民积极参与到社区事务中来，培育社区互助文化，搭建互助平台，为居民提供在楼院内、在身边参与互助服务的机会。在这些“睦邻坊”志愿者的带动下，影响了本社区更多的志愿者加入其中，形成了良好的邻里相助、守望幸福社区的良好氛围。

2.**杜勇**，大兴区观音寺街道盛嘉华苑社区居委会党支部书记、主任。在他的倡议下，社区党支部开展了“我爱我家”的主题服务系列活动，通过“三八节”社区巧厨娘凉菜大比拼、端午粽飘香、社区趣味运动会、手工艺品展示、老照片回顾展等活动，使社区居民们增加了了解与沟通，强化了对社区的认同感和归属感。2014年，杜勇同志积极创新社区服务方式，开展社区“双微服务”。利用党员志愿服务队、社区邻里互助服务队、家长里短调解队、民情联络服务队等开展社区服务活动；利用社区热线电话、QQ群、微信群等平台为不同需求居民群体提供全方位的服务。针对小区电梯单梯运行且经常故障、供暖不热、物业服务不完善、停车收费不合理等问题，杜勇同志多次入户走访，了解民情民意，召开社区民情联络员会议，及时将居民们反映的问题系统归纳、记录在案。同时，积极联系物业公司、开发公司、供暖公司等主体单位协商解决，组织召开多方协调会商会，将居民最关心的供暖、电梯等问题逐一落实解决。

3.**高宝凤**，北京市朝阳区玉华残障人士康养服务中心的一名社工。在默默无闻的平凡工作中，她用自己的行动诠释了乐于奉献的精神，她用自己全部的爱呵护着身边的心智障碍人士，不是妈妈胜似妈妈。

她对残障学员充满了爱心，不厌其烦地为他们喂水、喂饭、喂药，精心照顾着他们。有个女孩已经34岁了，经常会趴在高老师的耳边叫她妈妈，因为，高老师就是他们心中的妈妈。正如多位家长所言“孩子放在高老师这里，我们太放心了”。她把快乐带给患者。为了给中心的这些孩子一个展示自己的舞台机会，她策划组织了3届特殊人士运动会，一位身患癌症的妈妈看到自己的儿子取得了一个参与奖时，激动得哭了，她说：“以前我的孩子从来都没有参加过这样的活动，从来没有得到过奖励，没有人这样帮助过我们。我儿子虽然没有拿到名次，但是通过这个活动，得到这么多志愿者的关爱，我很感动！”她利用自己的影响力多方筹集资金，为心智障碍孩子们成立了职业康复站——玉华皂工坊，让他们享受社工工作时光带来的快乐体验。

4.高晥雯，工作于西城区悦群社会工作事务所。她本着社会工作“助人自助”的价值理念，在行业中服务弱势群体，特别是在残疾人服务中体现了专业素养，得到了服务对象的认可与好评。高晥雯在月坛街道职业康复站和温馨家园开展专业助人服务的过程中，发现精神残疾群体数量不断上升，精神残疾患者和其家庭面临的问题已经成为一个越来越突出的社会问题。为此，高晥雯及团队先后申请了关爱社区残障人士实现“家庭自助式”项目、专业社工构建“残障双老家庭”社区服务支持体系项目。在帮助残障儿童完成康复训练的过程中，她本着稳固的助人理论和专业技巧，凭着一颗爱心和耐心，帮助服务对象完成了康复目标。在此基础上，高晥雯编写了实务工作案例——《关爱残障儿童，托起成长希望》，在市、区两级社会工作优秀案例评选中都获殊荣。

5.**高九新**，北京市大兴区兴丰街道康居社区书记、主任。由于市政污水管线堵塞，康居社区近800户居民的生活污水曾一度无法排放。高九新同志多方协调，向政协、人大反映问题，与物业一道研究解决办法，妥善解决了这一棘手问题。由于涉及多部门管理，相关资金落实不到位，小区部分路段缺少路灯照明，给社区居民的日常生活造成了不便。她积极向路政等部门反映问题，使得困扰居民多年的问题得到解决。社区一位住户因更换玻璃造成家中漏雨，她在晚上9点多得知消息后，牺牲自己休息时间，前往住户家中查看情况，积极联系物业进行维修，降低了居民的财产损失。谢荣海夫妇是社区的一对盲人夫妇，当她获知谢荣海的爱人不幸掉到2米深的高压电缆井时，她及时赶到医院，由于老人多处受伤，病情严重，她又积极联系转院，等忙完各项检查，到家时已经是凌晨1点钟。面对谢荣海一家的困境，高九新同志除了上医院探望外，还将相关情况向有关部门反映，为他们办理了临时救助，使他们体会到了社工组织的温暖。

6.**关涛**，北京血友病之家的创建者。他为血友病患者搭建起自助、互助、关爱的平台，赢得了社会对这个特殊群众的重视、理解和支持，为越来越多的血友病病人开启了健康生活之路。他本身就是一名血友病患者，感同身受的经历使他在顽强对抗病痛的同时，对如何关爱这个群体有了自己的思考。2000年，在爱心企业的资助下，他成立了北京第一家非营利性血友病病人组织——血友之家并建立了网站，使来自全国各地的血友病患者在这个平台找到了归属感和奋斗目标。他带领的血友之家，通过各类救助项目，已救助全国各地困苦、危重的血友病患者超过300人；他们为血友病患者提交的相关医保政策提案得到政府部门认同，血友之家也被卫生部誉为中国血友病患者的晴雨表。在他的带领下，血友之家在2012年成为首都公益慈善联合会的会员单位，2013年就被北京市财政局、北京市国家税务局、北京市地方税务局批准成为2012年度第一批取得非营利组织免税资格单位之一。2014年参加了中国社会组织评估，被评为4A单位。

7.**郭少莲**，工作于北京市大兴区观音寺街道观音寺社区居委会。她将社会工作专业方法引入妇联工作，以市妇联在大兴区开展家庭综合服务项目试点为契机，以项目运作的方式对社区的需求进行评估、服务设计和策划，提高了社区服务的专业化水平。在专业督导及社工的支持下，开展了专业的个案服务，从建构及优化服务对象的社区支持网络为介入点，积极推动了服务对象的社区融入。她提出楼门长能力建设建议，编辑了《楼门长服务指导手册》，推动街道将楼门长服务列入社区综合治理的创新计划。在工作中，建立了“一帮一或一帮二”的结对子帮扶模式，探索了“妇工+社工+楼门长及义工”的模式。积极开展社区文化活动，牵头组建了八支文体队伍，通过社区趣味运动会、九九重阳节生日聚会、金秋会演等有益身心健康的活动，展示了社区文化风采。她还主动协调有关部门，为社区安装了健身器材，申请建立了乒乓球俱乐部，为社区体育运动的开展夯实基础。因工作业绩突出，该社区连续两年被评为北京市体育生活化社区示范单位。

8.**郭卫东**，任通州区中仓街道小园社区党总支书记。她结合社区党员的实际情况，建立了分层管理机制，坚持“三会一课”制度，提高了社区党员的理论水平，激发了党员的服务热情。因工作成绩突出，被评为通州区创建学习型社区先进社区、通州区文明社区。她组建了以党员为核心的六支社区服务队，通过开展文艺演出、趣味运动会、知识讲座等丰富的活动，为广大居民服务，有效提高了居民的整体素质，得到了广大居民的认可。她始终以强烈的事业心、责任感和专业社工精神，为社区居民办好事、办实事。在应对“7·21”特大暴雨灾害中，她组织社工冲在救灾一线，“舍小我，为大我”，她的身影总是能够出现在居民最需要的地方。她满怀强烈的责任心，深深地恋着社区、爱着社区，满腔热情地投入社区工作的实践中去，受到了居民群众的拥护和信任，辖区居民都把她当作最亲的人。

9.**黄红**，于2013年3月加入北京市朝阳区惠心社会工作事务所，现任惠心社会工作事务所督导。她在进入惠心社会工作事务所之前，曾在朝阳区2个街道、1个乡政府的12个社区担任过社区主任职务。她带领年轻社工一起开展一线社区工作，将其十余年的社区工作经验传授给年轻的社工。黄红运用专业社工理论在社区实践，用实践不断深化和提升理论水平，积极探索社工机构在社区的“嵌入式”工作方法。黄红以激发社区活力为工作切入点，借助政府购买服务项目的契机，与街道和社区合作，采取“理念浸入、项目带入、工作嵌入、服务介入”的方法，引导社区工作者骨干、社区社会组织负责人和核心居民共同探索社会工作服务的本土化之路。同时，以街道社会组织服务平台为阵地，以项目为载体，探索社工、义工“两工联动”和社工、社区、社会组织和社会单位“四社联动”的工作方法，积极动员社会力量，参与街道社会建设，赢得了各方认可。

10.**霍宝军**，通州区新华街道如意社区党总支书记、居委会主任。因成绩突出，先后被评为北京市劳动模范、通州区“十大风尚人物”和通州区社区建设之星。针对部分楼房楼道脏乱、庭院无照明的情况，通过召开楼门互助会研究解决办法，采取用楼道的公共电源接通庭院路灯的方法破解了夜间照明的难题。针对老年人行动不便，他又为社区所有楼门安装楼梯扶手。他还在工作中将为老年服务制度化，每月定期为孤寡残疾老人开展上门保洁、上门送医送药，让老人在安享晚年中体会到社区的温暖。他创造性地在社区开展了“小网格，大服务”和“小网格，大党建”管理模式，调动居民、街道和职能部门共同参与社区建设，将社区问题发现在网格，解决在网格。开展工商入网格活动，为驻社区单位、企业开展了上门验照、食品安全卫生知识讲座、如何辨别假冒伪劣商品等讲座。在实行网格化社会服务管理以来，街道和职能部门干部入户已达500余户，撰写入户日记1200余篇，了解居民诉求和问题341件，解决问题325件，解决率高达95.3%。

11.**贾玉梅**，海淀区八里庄街道的美丽园社区党支部书记、居委会主任。居民都亲切地称她为“小贾”。

为照顾老年人，她组织居委会建成了社区老年人信息档案库、健康档案库，成立了为老一站式特约服务志愿者服务队，建立了定期走访慰问制度，2010年，她被评为北京市万名“孝星”之一。工作中，她还主动与社区智障儿少年交朋友，帮助其家长照料，在社区组织开办兴趣班等。社区在2006年因物业纠纷导致业主间矛盾升级，干扰和影响了居民的正常生活。她主动深入社区党员、群众家中走访，找物业经理、业委会成员做劝说工作，用真诚打动了社区居民，赢得了居民的支持。之后，她组织居委会、物业公司、业委会共同举办“邻里节”“元宵节猜灯谜”等活动，拉近了邻里关系。同时积极担当，主动主持了业委会三次换届改选、两次物业招聘，实现了平稳过渡，业主缴费率由原来的不足60%提高到目前的89%，居民对物业服务满意度达到83%左右。2012年，社区党委被评为北京市先进基层党组织。

12.**巨羲**，从事社区工作已经13个年头。他把社区工作当作事业来干，扎实实践、勇于创新、真情投入，在平凡的岗位上干出了不平凡的业绩。先后获得“密云区优秀共产党员”“北京市优秀社区居委会主任”“北京市社会工作领军人才”等荣誉，被列入市社会工作人才库。

他运用社会工作技巧，推动100多户翻新式抗震加固旧楼改造，为政府节省开支200多万元，成为密云县（现密云区）抗震加固改造工程第一个成功典型。他牵头组织制订社区“奥运”安保方案被县城区各社区推广，并在北京市公安局公安网挂网交流推荐。他悉心沟通协调、反映群众诉求。他引导社区251家拆迁户、1100多人依法有序反映问题，杜绝了大规模群体上访和越级上访等问题，促进了社区和谐稳定。他创新思路成立商管协会，推动“两新”组织服务管理，获得“北京市社会领域先进基层党组织”称号。他克服妻子病重、老人年迈等种种家庭困难，给众多生活困难的群众送去温暖，是居民眼中“爱岗敬业、无私奉献”的“贴心人”。

13.**康征**，工作于延庆县（现延庆区）百泉街道的上都首府家园社区居委，是全县第一个全部由社区专职工作者组成的社区居委会的带头人，他和年轻的伙伴们一起，扎根社区、深入群众、奋进有为，受到了各级的肯定和居民们的信任。先后被评为“延庆县优秀社区工作者”“街道优秀共产党员”“先进工作者”。他带领大家迎着朝阳出、伴着繁星回，挨家挨户走访，入户率100%，翔实掌握了社区一手情况。对走访中了解到的问题，做到件件有回音，事事有着落、人人有答复，赢得了居民的依赖。他在社区管理上引入现代化手段，开创了“微信”办公的沟通方式，让居委会和居民能够随时随地的进行沟通，在方便了居民同时，提高了居委会的工作效率。为给居民创造优良的居住环境，他提出“区景合一”的理念，协调各方资源，赢得居民支持，出色地完成了“首都绿化美化花园式社区”“首都环境优美居住小区”等重要创建工作，将上都首府家园社区建设成全县居住环境和人文环境一流的社区。

14.**李秀稳**，松榆西里社区居委会主任。李秀稳同志大胆提出了“4+4+4”服务理念，即社区工作人员在工作中要贯彻“四家”服务精神：把来访居民当“家人”，把居民来信当“家书”，把居民反映的问题当“家事”，把居民工作当“家业”。在服务工作中要做到“四个淡化”、实现“四个转变”：淡化日常管理，向提升服务水平和能力转变；淡化坐办公室意识，向网格化动态服务转变；淡化一岗一能，向多岗多能的服务转变；淡化同事满意，向群众满意服务转变。在她的带领下，松榆西里东院小区成功推行了居民互助自管式准物业管理模式，社区先后获得北京市先进社区居委会、北京市首批六型社区、规范化社区、智慧型社区。她本人也获得了“北京市先进社区居委会主任”等荣誉。

15.**李媛**，菊儿社区党委书记、居委会主任。在社区老年群体结对帮扶中，她发起成立了社区志愿者帮扶平台，组织社区内的党员、积极分子分别和孤寡老人、行动不便的老党员及空巢老人结成帮扶对子27对。提出了“一勤、二送、三宣传”服务工作法（一勤：勤到家中探望；二送：送服务、送政策；三宣传：宣传国家政策，宣传好人好事，宣传街道、社区中心重点工作）。在群众选举的基础上，李媛动员组织成立了17个居民自我管理的社区社会组织，提高了居民自我教育、自我管理、自我服务的意识，实现了社区群防群治的良好环境。李媛还与社区工作者组织居民成立“68号院自管会”，发动全院42户人家“票选”出自我管理委员会；组织居民组建治安小组，募集资金、整治社区环境、制定居民公约，发动流动人口主动登记，最终将“三不管”、居民们“各扫门前雪”的老院子打理得有声有色。这些治安小组在各大节日、重大活动中发挥了重要的作用。社区先后被评为为“国庆60周年先进集体”“六好调解委员会”。

16.**刘伯华**，天通苑南街道清水园社区书记。他通过自编、自导、自演、自剪的形式制作了“廉政微短剧”“普法微短剧”等宣传视频，以发生在社区的真实案例为基本素材，将廉政、法纪等方面的知识以案例的方式，通过视频展现给社区居民，达到了良好的教育效果。该同志热爱社区工作，坚持做搞好服务的有心人、做工作的创新人、人民群众的贴心人。她注重发挥党支部的战斗堡垒作用，关心每个党员的日常生活，时刻挂念着患有重病、大病的老党员同志。每逢有党员患病或发生困难时，社区党组织都在第一时间赶到，送去党组织的关心和问候。陪老人聊天，真诚与老人沟通交流，认真了解老人的实际需求也是她工作的主要内容，有时间她就主动来老人家中做一些力所能及的家务服务活动，让老人充分感受到了社区组织的温暖。

17.**刘海音**，泉河街道金台园社区党委书记、居委会主任。从事社区工作十二年来，在平凡的工作岗位上做出了突出的成绩，多次获得区和街道两级综治先进个人、优秀共产党员等荣誉称号。作为社区党委书记、居委会主任，上到雨季楼房渗漏，家庭内部纠纷，下到给居民单元楼道更换灯泡，不管大事小事都在他操心的范围之内。2013年的汛期，一天夜里，突降暴雨，市级防汛重点——金台园27号楼防洪带很快便看不见了，汹涌的洪水开始倒灌楼道。刘海音立即带领同事用锤子、钎子、尖镐、铁锹等工具，将雨水口旁坍塌的水泥块撬开、搬走，清理雨水口杂物并筑高防洪带，经过1个多小时冒雨抢险，险情终于排除。他倡导并协助组建了怀柔区柔水毽绳协会，现今会员达到了300多人，他们的花毽、大毽、毽球等表演享誉京城，曾参加北京奥运会马拉松比赛的现场表演和北京市魅力社区大舞台活动，“毽客之城”的文体品牌已初具规模。

18.**刘庆红**，北太平庄街道志强北园社区党委书记兼居委会主任。自担任网格格长以来，积极和各职能部门做好沟通协调工作，积极解决社区层面的各类问题，切实为社区居民排忧解难。工作中，她不怕吃苦、受累，带领居委会成员在社区清淤、排险、值班、巡逻、整治环境卫生，圆满完成各项任务，受到居民好评。在社区的各项创建工作中，她积极带领大家认真落实，从档案管理到实地勘察，都一丝不苟。由于社区没有统一的物业管理，她与居委会成员多次调研、反复征求居民意见，创新管理模式，试行了“政府支持、居委会牵头、居民参与、社会化经营”四方协作的准物业管理模式，取得了良好效果。在她的带领下，社区先后获得了全国体育健身先进社区、北京市规范化社区、北京市一刻钟服务圈示范社区、北京市健康型示范社区、六型社区、北京市先进社区居委会等荣誉，她本人也获得过北京市先进居委会主任等荣誉称号。

19.**刘羽**，北京工作于青少年社工事务所。从事司法社工工作以来，她以饱满的热情、忘我的精神、专业的技能，悉心服务青少年及其家庭，个案工作达200余人，受到服务对象及其家人的高度好评和信赖，展现了一名专业社工的专业力量与价值。2012年和2013年，连续两次被评为北京优秀社工和海淀区未成年人保护工作先进个人。她坚持实践与理论研究相结合，担任《合适成年人实务指南》副主编，参与编写了北京市合适成年人工作的第一本实务指南，为北京市合适成年人工作的探索做出了重要贡献。她在多个区县组织的合适成年人培训会中担任培训讲师，将积累的工作经验分享和传授给更多的合适成年人工作者，并牵头建立了50多人的志愿者队伍，培训了一批新的专业力量。除正常工作外，她无私奉献自己的休息时间，以电话、信件等形式义务为众多青少年及家庭提供专业咨询与服务，受到了高度赞誉。

20.**罗玉洪**，在拱辰街道北关东路社区工作。面对社区基础设施条件差、破产企业失业人员多、离退休人员多、困难户多的情况，积极倡导组建了北关东路社区党员应急服务队，并担任应急服务队队长。为了规范服务队工作，提高服务质量，罗玉洪同志从制定《北关东路社区党员应急服务公约》到招聘队员，从入户发放《北关东路社区应急服务联系卡》到及时解决居民家中各种问题，处处以身作则、亲力亲为，赢得了居民一致好评。党员应急服务队成立9年来，为辖区居民更换自来水阀门2253个，疏通下水道1187次，解决用电故障问题396起，抬送病人178起。在2012年北京市第五届魅力社区评比中，北关东路社区党员应急服务队被评为“应急处理很及时”十个单项奖之一，2014年被首都文明委评为“首都学雷锋志愿服务站”。罗玉洪本人也被评为房山区优秀共产党员、先进工作者。

21.**马维娜**，苹果园街道苹三社区党委书记、社区主任。工作中，她多方协调，做实事解民忧。她充分发挥社区职能作用，对群众反映的热点难点问题，不回避不推诿，带头协调。长期以来，居民对小区没有活动场地、小区水质等问题反映强烈，她多次向有关部门反映，经过努力，使得长期困扰居民生活的问题得到有效解决。在完成好本职工作的基础上，她又在创新上下功夫。结合社区实际和百姓需求，打造了具有本社区特色的“同心圆”特色品牌，建立以“同心圆”为载体的社区服务网，有力推动了社区全面建设，满足了社区群众的生活需求。她积极挖掘现有资源，营造浓厚的文化氛围。居委会迎合社区居民对摄影知识的渴求，成立了苹三社区《金色时光》摄影沙龙。在100多位摄影爱好者的参与下，传播摄影知识、组织作品展示，推动了社区精神文明建设，得到社会的广泛好评，该沙龙也被授予“石景山区市民学习品牌”。

22.**马志慧**，始终把为民服务放在工作首位。她不顾80多岁父母无法照顾、丈夫去世的家庭困境，一心扑在社区建设上。她率先在社区开展了热心、上门、贴心三项服务。她积极协调相关部门，争取资金，找供应商，成立了南路二社区老年饭桌。她开展了为老人定期上门理发服务，解决了老人的实际困难，使老人深受感动；定期入户走访慰问老人，她自觉做到五必访：老劳模、老先进、老干部必访，每当老人生病必访，生活遇到困难必访，孤老残疾必访，老人故去必访。为他们送法律、送健康、送知识，把关爱送到社区百姓家。通过创新邻里相互守望工作模式，开展邻里间的相互守望，特别是对社区的空巢老人、独居老人进行重点守望，邻里间经常以电话联系、上门看望、相互问候等形式进行相互关爱。通过创新载体，丰富社区文化生活，以社区老年协会为依托，建机制，强硬件，广发动，齐参与，举办了各具特色的文化活动、讲座近百场，全年参加活动的居民上万人次。

23.**梅何霞**，现任北京市海淀睿搏社会工作事务所党支部书记兼办公室主任。2011年4月—2013年3月，事务所安排梅何霞在燕园街道做街道社工。她主动联系医院和看护机构为社区老年人提供体检和健康评估，组织社区工作者学习社会福利政策。2013年3月，梅何霞调回到机构办公室工作，开展外展社会工作服务，在合适成年人到场项目中，与涉案涉罪青少年建立长期专业帮扶关系并提供专业服务。身为事务所党支部书记，梅何霞带领党支部成员结合本机构情况，在班子队伍建设、形式丰富多样开展党课党会、保质保量培养入党积极分子、与团支部工作的配合等方面有特色有创新地开展党支部工作，使党建各项工作做深、做细、做到位。在工作期间，她连续三年被机构评为年度十佳社工，2013年荣获海淀区预防青少年违法犯罪和未成年人保护工作先进个人。

24.**苗广义**，作为水厂路社区居委会主任。在治理老旧楼房、平房居住环境脏乱差的过程中，苗广义和社区工作人员一起对困难问题进行认真研究，向有关部门反映，向区人大提交建议，解决了如厕难、排水难等困扰社区多年的问题。开展了以“新生婴儿送生肖”“夫妻新婚送祝福”“军嫂随军送关怀”“特困家庭送救助”“慰问住院病人献爱心”“两劳帮教给自新”“老人生日献寿礼”与“吊唁过世人员、安抚家属”为内容的九上门服务，服务内容覆盖社区生活方方面面，极大地方便了社区居民。该同志积极开展就业服务工作，为解决失业人员的就业问题提供帮助。苗广义同志在充分调研的基础上，向区人大相继提交了《关于开发社区公益性就业的建议》《建议促进就业的保障机制》《完善随军家属保险管理》等关注促进就业方面的建议，为失业人员积极争取权益；他还利用辖区内的企业、部队资源，积极协调，争取就业岗位，拓展就业平台，有效解决了大龄失业人员就业问题。

25.**秦来**，东城区景山街道魏家社区书记兼主任。他先后获得“北京市先进社区居民委员会主任”“东城区全民健康生活方式行动先进个人”及“优秀共产党员”等称号。由于他所在的魏家社区属于老旧平房区，他通过实地走访调查，重新制订了社区文化体育健身场地改造方案，使得社区小广场面貌一新，居民有了活动场所。秦来同志结合社区的实际情况，建章立制，将社区党建同社区建设有机结合起来。经过与驻区单位协商，社区成立了大党委机制，逐步完成了以社区党委为基础，辖区单位为支撑，服务党员群众和驻区单位为重点的党建工作新格局。秦来利用辖区人文历史优势，组织成立了“左邻右舍”民俗文化苑，发挥社区自治组织的自治能力，并举办了“左邻右舍民俗文化苑”系列活动之剪纸艺术、孝行天下、北京园林建筑参观赏析、民间鉴宝等，丰富了居民的文化生活。

26.**苏春婷**，房山区长阳镇长龙苑社区，担任党支部委员、居委会副主任、团支部书记。工作期间，苏春婷同志考取了北京城市学院社会工作专业研究生，因成绩优异获得北京城市学院一等奖学金，并获得了由民政部社会工作司、中国社会工作教育协会颁发的2014中国社会工作督导培训结业证书。在从事社会工作的五年多时间里，苏春婷在寒暑假期间开展的社区团支部青少年活动中，她将专业社会工作的理念融入社区工作中，通过引入小组工作的专业方法，实现了理论与实践的统一，提高了社区服务的专业化水平。政府购买服务工作展开后，苏春婷又主动弥补此方面的不足，在项目设计、管理与评估方面加强学习，与导师积极申请服务项目，获得了北京市社工委的项目资金支持。在负责分项目过程中，苏春婷利用现有资源，积极帮助身边有潜质的社工争取学习锻炼的机会，促进大家共同发展。

27.**王蓓蓓**，北京市朝阳区曙康社会工作事务所执行主任。她毕业于中山大学社会工作专业，具有丰富的专业社会工作从业经历。在深圳市春雨社会工作服务社期间，王蓓蓓成为深圳市第一批本土社工初级督导，并成功竞投深圳首批禁毒社工岗位，统筹负责禁毒社工试点服务及团队管理工作，带领禁毒社工团队在毒品预防、禁毒宣传和吸毒人员干预等领域做了大量开创性探索工作。她主张完善志愿者激励机制，初步形成荣誉回馈、服务项目回馈、志愿者成长、政策倡导的回馈体系。在不断努力下，曙康事务所先后获得了2012年北京市优秀社会服务项目奖，其中“青少年成长向导康乐会活动”被评为2012年北京社会组织公益行优秀公益活动，她创设的“朝阳区社会志愿者公益储蓄中心”获得民政部颁发的全国优秀志愿者工作案例评选二等奖。

28.**王翠香**，石景山区八角街道杨庄南区社区书记、主任。王翠香通过举办人大代表与共建单位座谈会，在杨庄小学、杨庄中学建立学雷锋活动基地；与区档案局、区自来水公司共建走访慰问困难党员群众等活动，充分发挥了社区党委的作用。先后组织开展了秧歌、舞蹈、太极拳等活动；举办了第二届杨南社区“寿星宴”“情满杨南侨眷共庆端午节”活动，组织社区老人畅游园博会、“九九”重阳登八大处；开展社区残疾人到青龙湖踏青和“爱在金秋”——失独家庭赏菊活动，推动了文明社区的创建，提高了居民的文化素质和文明素养。先后解决了拆除违建，争取拢民费等小区多个历史遗留问题；积极争取在小区内开设邮政储蓄银行，方便退休职工领取退休金和办理存储；积极协调有关部门，在小区加设公交车站方便居民出行；争取人大代表 、政协委员、辖区单位等部门参与社区建设，与社区困难家庭结对子；完成老旧小区改造工程，协调解决首钢物业与居民的矛盾、供热公司与居民的矛盾，受到居民的一致称赞。

29.**王芳**，怡馨家园第一社区居委会副主任。该同志从事社区工作以来，历经三个社区居委会工作调整，从事过劳动保障、综治、计生等多项工作，积累了较为丰富的社区工作经验。她先后组织开展了优秀家庭评选、三八妇女维权座谈会、流动人口三八节趣味运动会等活动，有效推动了社区妇联工作的开展。她注重挖掘社区资源，牵头组建了巾帼建功亲情维稳服务队，自制了亲情维稳联系卡，依托服务队累计为社区居民解决疑难问题572件。为了丰富社区文化生活，在她的带动下，社区居民自发组建了社区文艺协会、义南轩棋牌社、阳光剪纸社、创意天空手工坊等10个协会组织。每个协会组织立足自身定位，开展丰富多彩活动，取得了较好效果。其中，由剪纸社选出《抗战地道战》《北京精神爱国、创新、包容、厚道》等作品在顺义区“爱心互传递 公益大家行”启动仪式上进行了展示。

30.**王平**，工作于怀柔区迎宾路社区，却被社区党员尊敬地称为“党组织的带头人”，被社区居民亲切地称为“贴心的社区当家人”。从事社区工作15年来，她先后在7个社区担任书记、主任职务。为解决社区平房院“夏天防汛、冬天防煤气”这一难题，她积极与街道和相关企业反复沟通，为平房院修建排水渠2000多米，经多方协调，为平房居民每户免费发放预防煤气中毒报警器，解决了居民预防煤气中毒问题。她带领大家大力进行社区环境整治工作，规范社区环境卫生制度，调动居民参与环境卫生的积极性，楼道内的小广告、乱堆乱放情况得到了明显的改善。她先后组织成立了夕阳舞艺社、老年合唱队等文艺爱好队伍，并定期邀请专业团体到社区开展文艺演出，累计观看群众达到3000多人次，丰富了居民的业余文化生活。她牵头组织了13支志愿者队伍，全方位地为居民提供各种志愿服务活动，累计组织各类活动100余次，解决了社区的很多问题，受益居民达5000余人次。

31.**王杨**，丰台区乐助社会工作事务所发起人及理事长，博士学历。在她的带领下，乐助坚持对社工“育用结合”。她与同伴修改完善事务所的各项制度和工作流程，指导编写了管理文件30余篇、流程图10余套。在担任项目督导指导项目的过程中，她始终坚持本土化和专业创新的要求。她指导社工建立了“梦飞行”社区活动青少年正向人生观发展辅导项目，开展了40多场贯穿全年活动，服务500多名社区活动儿童少年。在乐助社工事务所的管理和发展过程中，王杨认识到应该从更广阔的层面寻求理论和知识的支持，于是选择去清华大学公共管理学院NGO研究所进行两年的博士后研究工作，主要研究社会组织在社区治理中的作用，以期对未来社工机构的发展实践做出更专业、更精细的指导。

32.**熊玉香**，兴谷街道光明社区任党支部书记、兼居委会主任、服务站站长。她真诚服务社区困难群体，与社区里的孤寡老人、残疾少年、患病妇女结成帮扶对子，是社区情况的“活字典”，困难家庭的“记事本”，她想他们所想、急他们所急，被称为“最值得信赖的人”。她自己编写教案，对中小学生进行安全自护知识宣传，为孩子们进行心理辅导，被家长和孩子们亲切地誉为“社区阿姨老师”。她牵头成立了二十多人的金玫瑰亲情服务队，为那些困难群众和特殊群体送去温暖和帮助，成为社区一道温暖的风景。她坚持不断学习、学以致用，先后考取助理工作师、社会工作师职业专业证书，把专业理论与实践工作结合起来，用法、理、情先后调处化解各类矛盾纠纷100多件；组织各类法制宣传、文化宣传活动100多场。

她先后被评为平谷区人口计生系统“统计明星”“平谷区最美巾帼志愿者之星”，被平谷区法院聘为“平谷区青少年保护爱心团队志愿者”。

33.**杨立新**，东花市南里社区党委书记、居委会主任。2005年，杨立新在全市率先成立了具有独立法人资格的社区公共服务协会。协会面向社区居民提供就业、小时工、老年餐桌、暑期学生托管班、理发、修理等多项服务，安装了24小时温馨热线，与多家社区企业签订了为老便民服务协议，推出了“暖心工程”系列惠民福利。南里社区公共服务协会的成立还荣获了“全国社区服务创新奖”，协会真正成了“百姓之家”。杨立新带领南里社区党委建立网格工作网络图，成立社区网格化管理常务委员会，形成常务委员会工作制度和例会制度，聘请网格群众监督员，建立实现网格工作“六化”工作标准，进一步推行党员承诺“八岗制”、党员“爱心基金会”、“红绿卡”工作机制等活动。杨立新经过多方努力，在社区建立了200平方米的社区活动场地，为居民提供了活动场地和大型会议场所，连续六年举办社区游园庙会。在她的指导下，社区创立了《南里社区报》、社区文化墙，传递社区工作动态。她通过整合资源，发起成立了南里社区文化艺术团。杨立新多次被评为北京市先进居委会主任、“北京市三八红旗手”、“崇文区群众心目中的好党员”、“东城区优秀共产党员”、“北京市优秀党务工作者”荣誉称号。

34.**于秀银**，门头沟区东辛房街道石门营新区五区社区主任。她成立了守望新家园志愿者协会，根据不同服务领域，组建了春晖治安队、春风劝导队、春雨环境队、春燕服务队、春华文艺社等五支志愿者服务队伍，在社区综合整治、治安治理、矛盾调解、环境营造、困难帮扶等方面提供服务。她注重群策群力，集思广益，依靠广大社区群众的聪明智慧为社区建设献计献策。结合社区特点，组建了民主议事团，把社区的楼门长作为成员，定期召开议事会，商讨社区中实事工程、公益金使用等重大事项，由议事团讨论通过后再上报审批实施，有效发挥了社区居民的自治水平。她注重挖掘资源，与辖区单位成立共建团，定期召开联席会；与物业共同解决本辖区内垃圾死角的清理等问题；与社区民警共同做重点人的思想工作；与社区卫生站共同为居民提供医疗服务、健康知识讲座、义诊，上门为卧床不起的老人测血糖、量血压，提供用药指导等服务，受到社区居民的尊重和拥护。

35.**余跳**，北京青少年社团发展促进中心项目管理部主管。他共走访200余家青少年社会组织，组织开展公益活动200余次。他积极参与“公益星期六”“3510绿色出行”活动方案的策划，出色完成“3510绿色出行”“公益星期六”等品牌活动创建，服务人群近5万余次，活动开展近500余次，为100余家各类青少年社会组织提供活动策划、项目管理服务。“公益星期六”荣获团市委“最佳公益项目”奖；他带领10余家青年社会组织参与团中央组织的“缤纷夏日·快乐童年”暑期儿童公益行活动，走进陕西安康、渭南山区开展访谈慰问，受到京陕两地青年社会组织及服务对象的一致好评。工作中他经常加班加点，尤其是在社会企业——青年营建设中，他驻点北京国际青年营营地，负责营地施工建设、与村委会沟通协调以及上传下达等多项工作。在开荒和基础建设过程中任劳任怨与驻地村委会和村民的协调关系，“打成一片”，赢得大家的信任，圆满完成任务。

36.**张亚军**，平谷区滨河街道金谷园社区党支部书记。她带领社区一班人与居民拧成一股绳，协调政府、开发商和各方利益，清理历史问题，攻坚“钉子户”，清垃圾、还绿地、建制度、抓执行，把原先矛盾突出、管理无序、环境脏乱的社区，改造成了美丽家园。她创新提出打造法制小区设想，依托和调动驻区10所律师事务所的资源，组建法律服务志愿者队伍，开展法制讲堂，做到人人学法，大大提高了居民的法律意识，居民的精神面貌焕然一新，社区更加和谐稳定。她没有什么豪言壮语，却用自己的行动诠释了一名社工的信念和担当。有人问她，“当一个芝麻小官，你这样抛家舍业的究竟为了什么？”她淡淡地说：“我没想那么多，我也没有什么大的权力，我只想在能力范围内，为居民干点实事，让居民过得舒心。”

37.**张怡**，工作于北京市顺义区绿港社会工作事务所，在事务所主要从事残疾人社区康复和涉罪未成年人帮扶工作。通过组织残障人士开展“照”集全家福项目，协助温馨家园的学员走出社区，提高了他们独立接触社会的能力。组织、带领各领域志愿者参与残疾人社区康复项目，到各温馨家园中开展残疾人技能康复活动，累计开展康复活动280次、主题活动60余次，实施了50余人次的个案辅导，社区残障人员在张怡的专业指导下磨炼了意志，增强了对生活的信心。该同志在参与“农转居”社区建设项目及“社区心理支持服务工作站”的项目过程中，累计开展个案工作90余次，家庭社会工作30次，协助服务对象解决实际问题，缓解他们的不良情绪。在未成年人帮扶工作方面，开展社会调查35次，通过个案辅导方式帮扶8名问题少年，帮助他们解决心理困惑，协助其改善自身问题及家庭教育方式，收到了较好效果。

38.**赵华**，北京市顺义区空港街道裕祥花园社区居委会主任。她坚持以“民思我想、民需我做、民困我帮、民求我应”为服务宗旨，推行“下去一把抓、回来再分家”的网格化管理体制，强化了服务责任，提升了服务的精细化；她在工作中实行了“AB”岗工作制度，实施服务保障双值班，确保了为居民办事不间断；她通过建立“社区民情日记”“一帮一”帮扶对子，随时掌握居民家庭状况，强化了工作的针对性。她积极与周边医院、餐馆、理发馆等10余家单位达成共建协议，为居民提供免费送餐、义务理发、义诊、教育培训等服务，极大地方便了社区居民日常生活。她利用休息时间，入户调研、搜集资料，开通了社区博客网上服务平台，通过设置社区党建、劳动保障、计划生育、社区动态、社区相册、交流区等九个板块，畅通了居民表达意见和了解政策的渠道。她将社区家庭分为空巢、独居、残疾、出租房屋、常态五种类型，将居住情况、成员状况、困难需求等内容记载于32本五色《民情日记》，进行分类管理，按需服务，将居民服务落到实处。

39.**郑梓赓**，北京市丰台区瑞丰社会服务中心总干事。在他的带领下，瑞丰社会服务中心承担了北京市团委“社区青年汇”项目、北京市社会建设专项资助项目、丰台区民政局的街头外展救助等多个项目的策划、组织、执行和协调工作，并顺利完成了多项专业社会工作服务项目。郑梓赓曾受邀参加中国社会工作教育协会主办的“2014年中国社会工作界庆祝国际社工日暨社会救助与社会工作介入研讨会”，作为实务界唯一代表进行经验分享。在从事专业社会工作的几年时间里，他一直努力将所学的知识结合社区实际需求，以需求为导向，开展各种扎根社区的服务，如社区社会组织培育等。在开展活动的同时，他积极为社工专业大学生提供实习实践的机会，积极影响身边更多的人接触、认同这个行业，为专业社工服务的创新发展做出了自己的贡献。

第四届首都最美社工及优秀社工

第四届“寻找首都最美社工”活动于2015年开展，共评出10名最美社工、40名优秀社工。

一、最美社工

（一）最美助人为乐社工张云莲

海淀睿搏社会工作事务所　张云莲

张云莲同志现任北京市海淀睿搏社会工作事务所理事、专职社工。她结合专业项目的开展，以社会工作专业知识和技能为社区居民服务，提升了社区服务专业化水平，事务所承接开展了不同类型项目近10个，为千余人次提供了专业服务。

2010年初开始，作为婚姻家庭咨询师、北京市婚姻家庭建设协会个人会员，她参与丰台挚爱社会工作事务所部分项目，如“家有老人”项目社区活动志愿者及丰台区民政局婚登处项目咨询师。2013年，在永定路街道开展“中央财政支持1+1助推社区社会组织”项目及“老少携手，共话人生”公益项目；开展读书会活动16次；以主讲老师身份与残联合作开展专题讲座2次。2014年，在永定路街道开展“中央财政支持1+1助推社区社会组织”项目及海淀区民政局社区服务专项资金“老少携手，恩享人生”项目；共开展大小活动50余次；设计开发社工增能培训课程（5次），并请相关专家进行培训，效果良好。2014年底至2015年5月，开展北京市市级社会建设专项资金支持“助人自助挖掘潜能——防止贫困跨代传递”项目，开展小组活动和个案，为服务对象争取到一定的项目支持。2015年1月至5月，开展北京市“心灵马达——空巢老人抗逆力提升”项目，为老人服务的同时也将专业小组活动形式带到四街坊西社区居委会，产生积极的专业影响。2015年5月至今，开展海淀区民政局社区服务项目资金支持“老少携手 环保同行 乐享人生”项目，目前已经开展社区工作、小组活动以及个案工作若干次，本项目将专业的社工理念和环境保护、社区建设、社区参与等理念有机结合，倡导“变污染为资源，变负担为支持”的积极创新思维。

（二）最美传播正能量使者白安琪

房山区社工艺术团　白安琪

白安琪现任房山区社会工作者联合会项目主管。长期以来，她用行动诠释着“助人自助”的社工精神。被评为2014年度房山区优秀志愿者、北京市一级社会体育指导员、2015年北京市首批五星级志愿者，2015年荣登北京市社会好人榜。

用爱心温暖弱势群体。她结合实际，组织社工志愿者创建了特殊儿童文化艺术生活体系，组织社工队伍中有特长有耐心的志愿者与自闭儿童及家长交流艺术康复沙龙，不定期开展

“艺术俱乐部”“特殊儿童联谊会”“心理咨询活动”等各种交流活动，最大化地激发特殊儿童的艺术才能，帮助特殊儿童进行康复训练。

她设计的“魔法课堂”服务项目，累计服务在校打工子弟1000余人，该项目荣获“北京市社会组织公益服务优秀品牌”铜奖；她关爱孤残儿童，开展“艺术俱乐部”“特殊儿童联谊会”“心理咨询活动”等各种交流活动，帮助残疾儿童进行康复训练；她关注寒暑假社区青少年，开展了“快乐暑期在社区·健康活动助成长”活动，丰富青少年的假期生活。

用真诚去动员社会力量。她在开展关爱孤残儿童“托起特殊儿童的艺术梦”、关爱农民工子女“七彩阳光·魔法课堂”、关注社区老人防金融诈骗“公益话剧社区行”等服务项目中用社工专业知识为社会建设服务，动员社会力量共同推进社会服务项目的规范化常态化发展。

用才华去创新工作。作为北京市首个由社会工作者自愿组成的社会组织，由她所创作的原创歌曲《我们是光荣的社会工作者》在北京市社工领域广为人知，提高了全社会对社会工作者的认同与认可；在她的带领下，艺术团成立至今共组织演出38场，组织社工舞蹈、声乐、语言类等排练、培训317次，丰富了社区居民的生活。

（三）最美园丁社区主任代金英

平谷区兴谷街道园丁社区　代金英

2003年，代金英同志加入社区工作者队伍，连续四届当选园丁社区居委会主任、平谷区政协委员。

她把“上为政府分忧，下为百姓解难”当作自己的座右铭，通过真诚服务使社区这个大家庭充满温暖，为社区百姓带去温馨的服务。园丁社区被评为全国和谐社区建设示范社区、首都文明社区、首都社区志愿服务组织之星、北京市先进社区居委会、北京市先进卫生单位、北京市第六届魅力社区、北京市优秀科普社区、北京市全民健康生活方式示范社区、北京市体育生活化社区、北京市健康社区。她本人也曾获得了北京市先进社区工作者、北京市妇联系统先进个人、北京市爱国卫生先进个人、北京市青年汇优秀总干事、北京市社区志愿者之星、平谷区政协优秀提案者等荣誉。

代金英自2004年起担任平谷区政协委员，累计提出了政协委员提案38件，在社区内安装路灯、加快城中村改造、加强公共服务设施管理、落实社区工作者待遇等大量的合理化建议被区政府和有关部门采纳落实。

她创新志愿服务模式，打造爱心储蓄志愿服务品牌，引导社区居民踊跃参与志愿服务活动。组织志愿者进行理发技能的培训，定期为社区65周岁及以上老人理发。根据社区高龄、空巢老人多的情况，组织社区志愿者开展“一对一”互助帮扶志愿服务，让老人感受到社区大家庭的温暖。为了促进志愿服务良性循环，她根据爱心储蓄的时间让志愿者享受到理发、染发、清洗抽油烟机、扦裤脚、维修门锁等不同服务。并在每年年底，对志愿者们进行表彰。让爱心得到储蓄，让储蓄得到回报，让回报激励爱心，在社区形成了互帮互助的良好氛围。

（四）最美“智天使”社工高兵

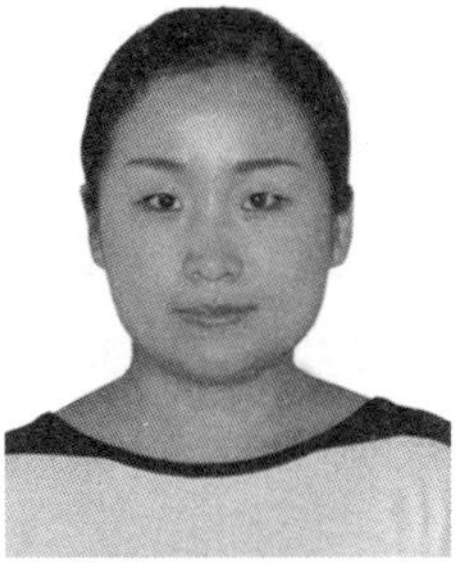

北京智天使青少年成长促进中心　高　兵

高兵是北京智天使感统失调培训中心的创始人。早在2010年，高兵就以志愿者的身份，开始了解感统失调及自闭症孩子群体。2012年，她成立了“智天使感统失调训练培训中心”，建立了近千平方米的学校，培训教师、招收学员，开始统感训练方面的工作。2014年，高兵注册了民营非营利组织“智天使统感训练中心”，正式开始为贫困家庭感统失调儿童的帮扶活动。

多年来，高兵秉承着爱心、耐心及强烈的社会责任心，对贫困的职工家庭中感统失调的孩子进行帮扶。在智天使感统失调训练中心长期开展“美丽心灵、情系智天使”公益感统训练营活动，这个训练营主要面向的是来自北京困难家庭的孩子，对他们进行免费培训，其中，困难家庭标准为：家庭年收入低于2万元的；或单亲，家庭年收入低于1万元的；或者是来自烈士、劳模及见义勇为者的家庭等。

她不仅在自己的机构里，亲自为贫困家庭的孩子免费提供各种训练，同时，还经常到养老院、福利院做义工，去看望老人、关爱老人。定期组织义工带领孩子们到孤儿院、康复中心进行爱心教育。高兵还经常到其他儿童机构提供免费服务，关爱感统失调或自闭症的孩子，给他们提供训练。例如，高兵跟自闭症儿童的专门康复机构雨露嘉禾合作，成立“北京智天使青少年成长促进中心教学实践基地”，对贫困的职工家庭中感统失调的孩子进行帮扶。她用自己的爱心和辛苦付出为北京困难家庭的感统失调及自闭症儿童的康复训练做出贡献。

（五）最美社区“忙碌人”韩秀花

东城区东直门街道东外大街社区　韩秀花

韩秀花，东外大街社区党委书记兼居委会主任。十几年来，她爱岗敬业，对工作认真负责，带领社区两委班子致力于社区发展和居民幸福，凭借不凡的工作表现和积极的工作态度，赢得了社区居民的广泛认可。

开展法制宣传，化解社区矛盾。她十分重视社区法制宣传工作，采取多种形式宣传法律法规，引导居民依法办事。她作为东城法院人民陪审员，参与审理多起诉讼案件，以自己的亲身经历为社区居民进行普法宣传。3年来，她积极运用掌握的法律知识，参与社区矛盾调解，先后参与调解矛盾纠纷195件，涉及当事人400余人，涉及金额5万余元，为化解社区矛盾做出了突出贡献。

秉承为民服务理念，积极开展便民服务。韩秀花始终把居民的事放在第一位，始终把为民服务作为办事的宗旨。面对东外大街社区居民老龄化突出的特点，积极开展无障碍设施建设，方便老年人出行。多年来，在她的不懈努力下，东外大街社区已全部实现无障碍通行，老旧小区5个高层全部修建坡道，惠及了1152户居民；面对老旧小区设施陈旧、管道老化、地面漏水等问题，韩秀花积极联系物业等部门进行维修改造，切实解决了困扰百姓多年的生活难题。

提高工作标准，提升社区服务质量。她以“魅力社区”评选活动为依托，把评选细则和评选标准作为加强社区建设工作的指南和提升工作质量的标准，对照“魅力十条”的每一条要求，将工作的不足，逐条记录并加以改进，经过不懈努力，东外大街社区获得了北京市“魅力社区”的荣誉称号，社区工作和服务水平得到了全面提升。

（六）最美老旧小区居委会主任康晓敏

朝阳区奥运村街道南沙滩社区　康晓敏

康晓敏是朝阳区奥运村街道南沙滩社区居委会主任。作为一个老旧小区居多的社区居委会主任，她创新社区工作方法，积极探索准物业状态下老旧小区的服务管理工作，摸索出了一条以成立“民非”组织破局老旧小区无物业管理的尴尬状况，完成了从社区“好管家”到老旧小区准物业管理“破局者”的蜕变。为了增强社区班子凝聚力，她事事以身作则，处处带头工作。十几年时间，社区经历了环境整治、老旧小区路面整治、外立面保温改造、粉刷楼道、平改坡屋顶改造，安装摄像探头129个，修建保安室4间，安装路椅等，使无物业服务的小区居民享受到了“物业”服务，居民们拍手称好。

为了更好地为居民提供服务，康晓敏在走访征求居民的意见、寻找社会各方资源的基础上，积极探索成立社区层面社会组织参与老旧小区的服务管理。该社会组织将为南沙滩无物业服务的老旧小区的33栋楼2547户居民提供24小时值守的专业保安服务、专业保洁清运服务及水电等日常便民维修服务。她摸索出了一条以成立社会组织破局老旧小区无物业管理的新路子。

十年付出，十年收获，2007年入党，2009年考取中级社工师。2010年，由康晓敏撰写的“社会工作案例”荣获朝阳区二等奖并刊登在《农村地区社会工作优秀案例汇编》上，2012年她被评为北京市先进居委会主任，2015年受邀参加天安门阅兵的观礼……在付出与收获中，她感到无比地幸福，她经常说“在职一天就负一天责，在职一天就全身心地投入一天”，她也是这样做的。

（七）最美肢残社工马浩

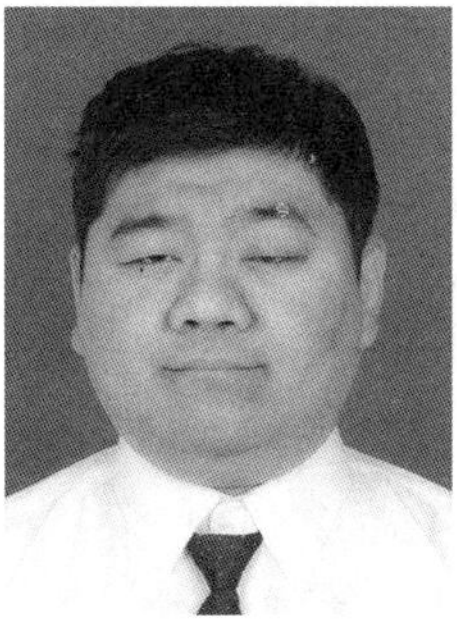

西城区牛街街道法源寺社区　马　浩

马浩是一名肢体残疾人。2009年，通过招聘成为牛街街道法源寺社区的一名社区工作者，主管社区残疾人工作及便民服务工作。

引入精准帮扶理念，服务社区残疾人士。法源寺社区居民情况复杂，需求多样。面对这种情况，马浩同志运用所学的专业社会工作知识做好残疾人士需求调查，科学设计调查问卷、组织实施调查、进行需求分析，并请专家帮助提炼需求报告。最终，提炼各种残疾人需求五大方面30余项，基本摸清了社区残疾人的需求情况。工作中，他注意在社区残疾人工作中引入精准帮扶理念，根据不同残疾人家庭需求制订个性化的帮扶方案，精确找到每一个残疾人家庭的帮扶的切入点，促进社区残疾人从被动接受帮扶逐渐向自觉努力改变自身状况转变，受到社区残疾人的一致好评。

运用专业方法，开展社区服务。他运用社会工作专业知识，运用平台运作的方式，成立了法源寺社区便民服务社等公益性社区社会组织，开发社区便民服务资源为社区居民提供服务。至今，已经开发了全聚德和平门店主食厨房、社区中医诊疗服务站、新发地蔬菜直通车等十余个便民服务项目，引进了百姓阳光大药房、长安商场、回民医院等三十余个优质的便民服务商，受到了社区居民的一致好评，受到《北京日报》、北京电视台等多家媒体的关注，收到了良好的社会效益。

成立志愿服务组织，积极开展志愿服务。依托社区、社会组织、专业社工机构的三社联动机制，成立由社区志愿者牵头的志愿者服务队，全面负责每月便民服务周和便民服务大集的运作，并开发了许多居民满意的新项目。

马浩同志就是这样一位平凡的社区工作者。他在平凡岗位的工作中，以火一样的热情投入工作，得到了居民的认可。这正是社工的职业价值之所在，他用他的行动为社工这个群体赢得了尊重。

（八）最美公益活动社工王蓓蓓

朝阳区曙康社会工作事务所　王蓓蓓

王蓓蓓现任曙康社会工作事务所执行主任。从在深圳投身社会工作，到加盟曙康担任执行主任，一路走来，无论面对什么样的困难，她始终坚守社工这份事业，以自己的献身精神、丰富经验和先进理念，带领伙伴们取得了扎扎实实的业绩，得到了社会的广泛认可和好评。

她优化社工团队项目设计，实施与管理能力，共同策划开展“青少年社区成长空间”、“文明少年人”青少年情绪学习、“社区小大人”青少年参与社区治理、“快乐饭米粒”和谐家庭营造、普法小剧场、“心演绎·家事和”民众戏剧参与和谐家庭营造、残障人士志愿服务、“向阳花坊”双井地区失独家庭社会服务全覆盖、“共创更生路”社区矫正人员社会融入、垡头及常营保障房地区社区文化、朝阳区社区营造、大学生社工社区公益行动、世界500强企业驻区志愿服务等近50个专业社工服务项目，服务覆盖朝阳区多个街道及东城区部分街道，为服务对象及社区提供了优质的服务，产生了广泛的社会影响，获得了服务对象及合作机构的好评与认可。其中，青少年成长向导康乐会活动被评为2012年北京社会组织公益行优秀公益活动；朝阳区社会志愿者公益储蓄中心获得民政部颁发的全国优秀志愿者工作案例评选二等奖；“青少年社区成长空间项目”被评为2014年社会组织公益服务品牌银奖；“向阳花坊”双井地区失独家庭社会服务全覆盖及大学生社工社区公益行动项目分别被选为朝阳区社会组织示范项目与优秀项目，入选《朝阳区社会组织服务项目案例集》。她于2013到2014年连续两届被评为首都优秀社工。

（九）最美“小巷总理”王玉华

西城区天桥街道留学路社区　王玉华

王玉华现任西城区天桥街道留学路社区党委书记。在十几年的基层工作中，她心系社区、情系居民，用一片深情赢得了广大居民的赞誉。所在社区多次获得全国、北京市先进单位，她本人于2008年被授予中国“小巷总理之星”称号，多次被评为市、区级优秀基层工作者。

心系百姓，排忧解难。上任之后，她走访了空巢老人286人、残疾人309人、186户低保困难家庭，看望了255名党员，给他们送去组织的温暖和关爱。她走遍了社区17条胡同、311个院落，积极协调解决群众的具体难题，在她的带领下，两年内改造了1710户居民的一户一水表，解决了平房区因水费收缴引发的矛盾纠纷；修建了破损院落125座，方便了老年人、残疾人的出行；拆除了破旧的煤棚550余个，社区环境得到前所未有的改善。

整合资源，开展服务。结合社区空巢老人多、居家养老服务任务重的特点，她积极申报实施“亲情金拐杖”助老服务项目，将辖区单位、党员、志愿者等服务力量整合起来，成立五支服务分队，入户为社区老年人提供日常生活照料、医疗咨询、“一对一结对”等服务；王玉华还多次到煤气公司、社区卫生站等单位发展专业服务人员，组织培训社区志愿者队伍，项目自实施后，为老人义务检修煤气灶具、换煤气、理发、提供法律咨询、开展文体活动等，极大地提升了老人居住在社区的幸福感。

作风优良，民主团结。注重社区的民主，对于涉及社区居民的重大事件如社区公益金的使用等问题，始终按照议事规则集体讨论决定。王玉华以身作则为其他班子成员树了榜样，形成了社区分工不分家，相互信任、相互支持、齐心协力做好工作的良好氛围。

（十）最美特殊人群关爱社工张怡

顺义区绿港社会工作事务所　张　怡

张怡，顺义区绿港社会工作事务所项目主管。主要负责社区特殊人群关爱项目、社区青少年成长项目和社区社会组织孵化项目。

绿港社会工作事务所从成立至今，每周二、四、五分别在光明街道滨河一社区温馨家园和石园街道温馨家园开展残障人士社区康复服务，每年在顺义区光明、石园两个街道内开展社区特殊人群小组活动280余次，个案访谈60人次，家庭访谈45次，协助残障人士真正回归社会。在社区内开展残障人士康复知识宣传活动以及相关的制度性建设，使社区内居民深入了解残障人士，进而协助他们融入社区，形成有利于服务对象融入的社区环境。除此之外，绿港社工有重点地选择残障人士家庭开展个案工作，缓解他们的不良情绪，提高家庭的支持功能，并动员残障人士参与社区公益活动，提高他们的康复自信心。

从2012年开始，张怡在顺义区胜利、石园及双丰三个街道多个社区开展社区青少年寒暑假活动。每年在石园、胜利、双丰三个街道开展社区青少年讲座15次，丰富其业余生活，增长他们的课外知识。寒假活动以春节期间安全活动为主，通过“讲解+互动”的形式，生动形象地将春节期间燃放烟花爆竹、外出串门、陌生人敲门等现象展现给孩子们，并邀请他们将自己的想法与做法展示给大家，一起讨论此做法的利与弊。使得孩子们通过互动的形式，加深了其对安全的意识，增长孩子们的安全知识。同时，根据社区工作人员及服务对象家属的反馈意见，开设了家庭健康饮食的课程。暑假期间，张怡还开设了暑期英语快乐营、手工创意工作坊等兴趣活动。通过“游戏+学习”的形式，让孩子们在愉悦的氛围中增长知识，提升他们的兴趣爱好，增强他们的学习兴趣。

二、优秀首都社工（40名）

1.**陈玉玲**，通州区新华街道司空社区党总支书记、居委会主任。

她始终坚持把党的建设作为所有工作的基础和保障。在党员中开展了“连心桥”承诺服务活动，号召社区党员根据自身实际、专长主动认领事项，帮助社区孤老户、残疾户解决实际困难300余件。自开展连心桥党员承诺服务活动以来，社区内的居民志愿者自发组建了便民服务队等，定期为社区居民提供免费理发、修车、换拉锁、修理电器、花卉种植培训等服务，得到了社区居民的广泛认可。为了促进文明社区建设，她利用寒暑假组织了社区青少年开展闲置用品置换、亲子运动会。针对社区中老年居民，开展了健康和法律知识讲座、艺术插花、芽苗菜种植、丝带绣等活动。陈玉玲先后获得了通州区“优秀党务工作者”“领航发展先锋”等荣誉称号。

2.**程丙发**，密云县（现密云区）果园街道学府花园社区党总支书记、居委会主任。

发挥示范带头作用，建立品牌服务队。建立了由15名党员组成的综治维稳劝导队，及时制止和劝导100多人次，化解邻里纠纷15起，确保了社区安全稳定；成立了“学府花园心理疏导服务室”，两年来为社区居民免费提供服务、咨询128人次，使居民不出社区就得到了服务；建立文艺分会、体育分会等各类志愿者队伍，参与志愿服务人员达261人。

开展“走千家访万人心连心”活动，为民办好事、办实事。以创建和谐社区为目标，为学府花园社区居民发放邻里联系卡520张，加强了社区居民之间联系；在街道的大力支持下，小区安装健身器材40多件，满足了居民健身需求；在助残设施建设、小区环境整治等工作中，积极与相关部门协调，妥善解决了困扰社区多年的老大难问题。

甘于奉献，舍小家顾大家。每逢元旦、春节、两会期间，每次值勤，他都是来得最早走得最晚的一个；每年三十晚上他都是在社区度过。

3.**杜进平**，东城区体育馆路街道西唐社区党委书记、居委会主任。

情系社区，帮助协调各类问题。在街道无煤化工作中，西唐社区共有1560户居民进行煤改电，在工作任务极其繁重、居民思想工作难做等困难下，杜进平每天都要深入居民家中，做深入细致的思想工作，换来了居民的理解和认可。

创新工作方式，服务社区居民。为了调动社区更多的居民参与到社区治理，实现居民的互助帮扶、排忧解难，策划组织成立了西唐社区夕阳助邻社，为辖区居民化解了很多困难和问题，比如为辖区内有需要的居民院落安装扶手36处，联系美景服务队为辖区内居民免费擦洗油烟机百余户等，受到广大居民的一致好评。

耐心细致，妥善化解社区矛盾。积极协调反映群众的合理诉求，处理好群众反映的合理问题，尤其在因平房翻建、拆违、邻里矛盾、遗产继承引发的矛盾中及时化解矛盾，维护了家庭和小区的稳定。

杜进平曾多次被评为市级、区级先进个人、优秀共产党员。

4.**郝宏婷**，东城区龙潭街道左安浦园社区党委书记兼居委会主任。

运用专业社工方法，提升社区服务水平。她创建“周末心灵鸡汤”活动，把自己参加社会组织和团体活动的心得体会与同事们分享，供大家在工作中借鉴，提升了社区服务水平。

紧贴居民需求，积极开展服务。她把日常中居民所遇到的问题、社区工作的思路及时记录下来，形成了独具特色的“民情日记本”。作为“工作清单”和“居民服务宝典”，社区哪种服务还欠缺、应该怎么去改正、哪些资源应该协调进社区等问题都能够找到符合社区实际的破解方法。

创新服务方式，提升服务质量。建立了社区“居民档案”、社区工作台账、社区共享网络等一系列便民制度；开展了“为民服务一条街”学雷锋便民服务、社区“掌上风采”摄影培训班等便民服务，为居民日常生活提供了方便；她把社区现有的公益服务活动进行调整，成立了负责社区公益项目和负责引入外来社会组织服务两个小组，进一步提升了服务质量和水平。

5.**胡岳奇**，石景山区中正社工事务所创始人。

以聋哑儿童康复领域为平台，以社区为阵地，整合协同聋康领域内专业资源先后在十余个社区开展免费服务项目，深受当地居民欢迎。为了更好地解决贫困聋哑儿童的康复问题，他积极开拓社会资源，帮助聋康机构与多家企业、单位、团体结成互助关系，其中为贫困儿童筹集康复经费就有30余万元。注重宣传，善于利用各种平台与机会推广公益理念，开展多维度的交流与学习，为受助的个人和团体创造难得的、全面的发展机会。在发动与号召社会力量方面，他不断探索机构、社工、志愿者的联动机制，通过以往的工作积累了丰富的资源与开展活动的经验，并保持着志愿者年均参与活动1200人次的规模并仍在继续深挖这块业务。

6.**季叙**，密云县（现密云区）鼓楼街道沿湖社区党委书记兼居委会主任。

以社区品牌文化建设为核心，带动社区文化发展。设计了“手拉手”的沿湖社区徽标，创作了由社区居民作词谱曲的《沿湖社区之歌》，培育了健身气功队、舞蹈队、老年模特队、乒乓球队、合唱队、乐队等多支文化品牌队伍。通过社区品牌文化建设，提升了社区居民文明素质，营造了和谐的社区氛围。

整合社区资源，发挥“1+5”党组织引领和谐社区建设模式。协调物业公司更换社区监控探头72个；组织驻区单位“县节水办”在社区开展节水宣传、换掉居民家的非节水器具；联系驻区单位“县禁毒中队”，在社区开展禁毒宣传活动；组织社区商户义务为社区空巢老人提供专业保洁服务，义务为老年人提供专业理发服务。

开发“三社联动”项目，引入专业社工服务。实施“梦工厂”项目，引进舞蹈老师和声乐老师的专业指导，社区舞蹈队、合唱队水平显著提高。通过引领专业社工设计项目，把社会组织的专业服务引进社区，从而更好地为社区居民服务。

7.**金东海**，朝阳区三间房地区艺水芳园社区居委会主任。

充分发挥社区骨干作用，积极培育社区艺术团体。组织成立社区社会组织“艺水连心社”，他运用所学的社工的专业知识和方法，对社团活动进行组织和指导，活动开展得有声有色。工作中，他注重链接资源，协商驻区单位加入社区建设，目前已有12家企业和服务商加入社区建设，受到居民欢迎。

开展专业社工服务，提升社会服务水平。组织实施专业社工服务“三社一体化”项目，成立了志愿服务部、文化惠民部、教育培训部、企业联合部、社团共建部等五个服务部，志愿者队伍达300多人，积极为居民提供服务。

总结服务经验做法，成功申报社会工作服务示范社区。2013年，带领社区成功申报“全国首批社会工作服务示范社区”。他全程负责组织、管理和撰写社区社会工作材料，将社区近年来开展的各种社工专业服务进行归档，整理创建材料共7大类57项，涵盖了社区社工专业服务的方方面面。

8.**金雪**，北京市第一社会福利院社会工作科老年社会工作服务社工。

由于痴呆老人生理心理状况的特殊性，多数养老机构几乎无人问津此项服务。金雪勇挑重担，主动开启痴呆老人服务。尽管挑战不断，她依然迎难而上、孜孜以求，针对老人和照顾者开展了新颖多元的痴呆服务系列活动。她共开展专业小组5个、个案8例、大型项目4个，惠及老人425人次、照顾者210人次，均受各方高度赞誉。

第一福利院老年大学志愿服务是受益老人范围最广、持续服务时间最长、综合满意度最高的一项社工服务项目。金雪利用专业优势、规范化管理及专业化服务使得该项目常年广受好评。该项目2015年被首都文明办评为“首都学雷锋志愿服务示范站金牌项目”。

金雪凭借优秀的专业技能和突出的专业才华连续两年被评为院级年度“优秀员工”，《不要忘记我是谁——预防痴呆症支持小组》案例荣获民政部和北京市评选一等奖，两篇论文在国家级刊物刊发。

9.**黎新悦**，延庆县（现延庆区）鹏鲲社会工作事务所总干事。

2012年，她参与创办了延庆县鹏鲲社会工作事务所。参加工作之初，面对未成年人犯罪给家庭和社会带来的痛苦，她就开始认真思索社工应该如何开展行动、如何矫正未成年人的偏差行为。2013年她在家人和社会的压力下，进入国企工作。在曾经梦想的照耀和内心的不断自责下，她意识到多年来的志愿服务与社会工作已经成为生命中不可或缺的一部分，决定要追寻自己的梦想。于是，在国企工作了8个月后，她选择了辞职，回到鹏鲲社工事务所。回到事务所后，她迅速地熟悉业务并全身心地投入工作。三年来，黎新悦几乎没有节假日，在重点服务延庆县触法未成年人项目中，迄今已完成47例未成年人刑事案件社会调查，向公安局、检察院、法院提交社会调查报告（初次/补充）69份，成功帮助10余名涉罪未成年人重返家庭、校园和社会。

10.**李春玲**，西长安街府右街南社区党委书记、居委会主任。

立足本职，心系百姓，全身心投入社区工作。府南社区地处中南海西侧和西单商业街东侧，在政治和经济上都处于重要的地理位置，李春玲以高度的政治责任感，以身作则，率先垂范，尽最大努力解决实际问题、化解矛盾纠纷，不断提升社区居民的向心力和凝聚力。

宽容待人，换位思考，全心全意为居民服务。社区工作复杂而烦琐，看似生活中的点滴小事，其实都是涉及民生的大问题。面对小区停车位严重不足、拆除违法建筑、整治社区环境等众多棘手问题，李春玲一方面争取小区居民的理解，另一方面积极协调消防等政府相关部门共同协商寻求解决办法，使困扰社区多年的问题得到了有效解决。

党建带队建，全面提升社区整体服务水平。李春玲把“服务群众、凝聚人心、优化管理、维护稳定”贯穿社区党建工作始终，并以党建带队建，打造出了府南社区一支高素质的社工队伍，进一步提升了社区整体服务水平。

11.**李秀芬**，朝阳区高碑店地区兴隆家园社区党委书记。

她通过扎实的入户走访，陆续带动社区内具有特长的居民走出来，相继成立了数十个社区公益组织，引导居民之间助人自助。“律百和”志愿调节团、“红袖添香”女子读书社、社区防震减灾志愿服务队等多个组织在朝阳区、北京市乃至全国获得荣誉奖项。其中，兴隆合唱团经过五年的发展，已经从一个普通的社区合唱组织发展为具有专业水准的合唱团队，两次参加央视音乐频道《合唱先锋》节目和在北京市音乐厅召开全国首个社区合唱团的专属音乐会。

她带领社区依托社会组织的蓬勃发展，已带动1200余名社区志愿者，充分提升了社区居民自我管理、自我服务的自治意识。2012年起，兴隆家园积极开展“三社一体化”建设，并于当年8月成立了“兴隆家园心连心社会组织联合会”，社区居民自治系统化、制度化水平再上新台阶。

2014年，李秀芬荣获北京市首批社会工作领军人才称号。

12.**李雪东**，房山区长阳镇嘉州水郡北区社区居委会主任、服务站站长。

乐于公益，培养社区骨干力量。李雪东积极开展社区的公益项目，培养社区组织，组建了包括志愿服务、文化体育、治安消防等15个社区社会组织，丰富了社区居民生活，提供了便捷服务。

敢于创新，率先开通微信平台。她建立了社区微信平台、社区网站、社区QQ群，将社区活动通知、社区活动汇报、社区新闻、学习天地各类的安全防护知识，还有与生活息息相关的生活小常识、健康养生知识、家庭饭桌在社区居民中共享，让更多的人知社区、爱社区，参与社区活动。

整合资源共用共享，实现社区共创共建。走出办公室，走进商户，动员他们参与社区活动。经过沟通，通过与家政服务公司结对子，利用超市做好便民利民的服务等方式，使辖区商户参与社区志愿服务，提升了社区服务水平。

13.**李玉荣**，通州区北苑街道果园西社区党总支书记。

她抓学习、抓班子、抓团结，严以律己，率先垂范，带出了一支政治素质过硬、业务能力强、善打硬仗的社工团队；她恪尽职守，锐意进取，大胆实践，不断探索创新党建新思路、新方法，勇当党建创新的探路者；她“察民情、知民心、解民忧”，注重从解决群众关心的热点、难点问题入手，突出抓了一些与群众生活密切相关的热点、难点问题：为解决无物业管理小区的混乱状态的瓶颈问题，探索解决问题的新途径——成立了“同心”楼宇自管会，实现了小区居民自治管理并克服了各种阻碍和困难；她以社区为大舞台，苦心策划，潜心经营，为社区持续打造创新型科普社区特色品牌，成为北苑街道以及通州区一道理亮丽的风景。李玉荣先后被评为北京市妇联系统先进个人、优秀社区党总支书记（主任）、北京市优秀气象信息员、北京市社区科普益民计划优秀社区科普宣员。

14.**刘东风**，朝阳区八里庄街道华贸中心社区党委书记、社区居委会主任、社区服务站站长、商务楼宇服务站站长。

刘东风在这个平凡的岗位上奉献了15年。他没有在家和父母妻儿共度过一次除夕。每到逢年过节，他总是第一个到社区值班，有重要工作任务，他则一定是最后一个离开社区的。这些年来他的工作记录有20多本。正是这种信念，让他15年一心扑在社区建设和为民服务上，逐渐摸索、整理出一套“东风工作体系”。其中包括针对居民的“走动式”工作法、“四自”

模式工作法和针对商务楼宇的“搜索式”工作法、“四合模式”工作法。这些工作理论和方法不仅得到社区居民的认可，还被树为典型，在市区范围内得以广泛宣传和推广。

华贸中心社区先后荣获了国家地震安全示范社区、北京市先进社区居委会、北京市六型社区、首都特色精品社区等荣誉。

15.刘美，北京市朝阳区五彩鹿儿童行为矫正中心自闭症儿童康复训练教师。

十余年来，共计干预抢救自闭症儿童300余名，通过她的不懈努力，使这些孩子有了明显的进步，没有语言的孩子开始开口说话了，有些孩子已经融入普通学校学习。刘美热爱特教事业，工作耐心，对待有严重问题行为的孩子，从不放弃。

在工作之余，刘美专心研究相关行业专业知识，并于2011到2012年赴美国纽约皇后学院交流访问，学习最先进的自闭症领域知识，成为我国此行业领军人才。近年来，受中残联等单位邀请，对自闭症领域的教师进行培训，共计培训授课十余次，培养自闭症行业人才2000余人次。

此外，刘美注重科研，作为中心主要成员，参与了首部《中国自闭症教育康复行业发展状况报告》的编辑工作，参与翻译《走出自闭》《1001个自闭症儿童养育秘诀》等行业专著。

2015年，刘美被评为“北京市残疾人社会组织优秀共产党员”。

16.**刘元清**，昌平区南口村社区党支部书记兼居委会主任。

在她的带领下，组建了八支社区志愿者服务队，依托社区群众的需求，提供“六上门”服务。以立夏舍粥节、端午节、正月十五等节日为契机，开展送粥、送汤圆、送粽子进家门活动，为社区老年人、残疾人送去一份温暖。

社区居民大多是北京南口采石厂的退休职工和家属，曾发生过百余位老年人群体聚集要求解决生活保障的事件。刘元清及时组建调解小组，了解历史遗留问题，多次协调有关企业和镇政府共同协商解决，最终出台了为老年人发放生活补贴的实施意见，使问题得到圆满解决。

在她的带领下，南口村社区先后获得全国科普示范社区、北京市“六型社区”、敬老爱老为老服务先进单位、民主法治示范社区、先进人民调解委员会、“五五”普法先进集体等荣誉。她也获得了“群众心目中的好党员”和“最美党支部书记”等荣誉称号。

17.**吕军**，东城区东四街道豆瓣社区居委会主任。

作为北京市级民族工作重点社区，吕军紧贴民族工作的特点，为创建民族团结和谐社区做出了贡献。

建立工作网络，完善相关制度。建立了本社区民族工作例会制度，定期召开社区民族团结座谈会，研究民族工作；建立了社区民族团结联谊活动制度，借助社区学习型组织开展各民族联系交友活动，促进了辖区各民族团结。

以社区服务站为平台，提供周到服务。针对回、汉族同住一个单元内，厨房烟道设计不合理的情况，积极与物业部门协调，解决问题；与东城区民宗侨办和东四街道工委、办事处协调，在辖区内设置了清真超市和清真早点摊位。

开展文化体育活动，丰富各族居民文化生活。先后成立了社区太极拳表演队、妇女彩虹编织小组、民族舞蹈队等社区文化团体，促进各民族之间的了解与沟通；将闲置多年的空房改造为多功能厅、乒乓球室、电子阅览室和图书阅览室，为社区居民提供文化文娱活动场所，丰富居民精神文化生活。

18.**马立新**，延庆县（现延庆区）香水园街道办事处高塔社区居委会副主任。

上班时，他积极向居委会老工作人员请教，了解社区特别是综治工作情况；下班后他积极走访楼门长、信息员，到社区探访，掌握工作第一手资料。春节、除夕，白天他在社区巡护，检查安全隐患，同时引导居民到指定区域燃放烟花爆竹；晚上居民都在家团圆收看晚会时，他默默地在社区巡防，直到烟花爆竹燃放停止、居民安然入睡了，他才放下心，拖着疲惫的双腿回家。

在老旧小区改造过程中，居民们与施工方因规划问题发生矛盾，导致工程停滞。他代表居委会进行协调，及时有效地予以化解，保障了小区改造工程圆满完成。春种秋收，春华秋实，马立新在短短几年中获得了不少荣誉。2013—2014年连续两年被评为延庆县社会管理综合治理先进个人，2013年被街道评为优秀党员和先进工作者，2015年被街道评为优秀共产党员。

19.**任辉**，丰台区丰益花园社区党委书记、居委会主任。

为了能够及时回复居民诉求，她创建了“民愿接待”机制；为了解、掌握社区的动态，她创建了“离案工作”机制；为了少让百姓往返于社区，她创建了“社区工作一本通”；为了让上班的居民也能及时了解到社区的信息，她又创建了“统一通信”平台，改进后的“一键式的民情图”，让社区的信息更为清晰；为调动社区居民参与社区建设，推出“时间银行”项目，倡导“为他人提供志愿服务，为自己储存时间”，为志愿活动建立服务认证和良性循环动力机制，受到北京电视台、《北京日报》、《新京报》等10多家媒体的专访。在她的带领下，丰益花园的班子先后获得了“国家充分就业社区”“北京市社区居委会先进集体”“丰台区人民最满意的基层党组织”等荣誉，她个人也分别获得了“丰台区第十四届人大代表”“丰台区十佳巾帼文明社区带头人”等荣誉。

20.**任正昊**，丰台区西洼地社区居委会主任。

推动居民自治新格局。以党建为引领，发挥社区议事协商会、社区居民代表大会等会议的作用，实现了社区事务居民进行决策，由社区负责联系资源并组织实施的基层民主治理格局。

开创社区治理新局面。他带领社区干部成立繁星志工社、居家养老互助会、洁美大使服务社、繁星社区文体协会等社区社会组织，广泛联系社会资源，服务社区居民，繁荣社区文化。积极参与政府购买社会组织服务，支持社区建设，规范社区事务项目化运营，连续4年成功申请9个市级政府购买社会组织服务项目、2个区级政府购买社会组织服务项目，成功入围团市委社会组织公益项目竞赛，积累了社区培育社会组织参与社区建设的成功经验。以项目为平台，先后与航天义工社、西城睦邻社工事务所、中鼎社工事务所、壹家人爱心联盟、盈创回收等各类社会组织取得联系，为社区居民提供了丰富多彩的各类服务。

21.**石凤芝**，大兴区新兴家园社区任党支部书记兼主任、社区服务站站长。

文化宣传志愿服务队，打造“和谐 活力”社区。她集中四个村的文化宣传力量，打造了百余人的文化宣传志愿服务队，成功组织活动116次，累积参与达30000余人次。

爱心志愿服务队，打造“凝聚 关爱”社区。她在社区组建了“爱心志愿服务队”，开展的“锋”送暖、“三八”节服务、“粽香”传递、重阳送暖等活动凝聚了爱心的力量，潜移默化成社区正能量。被北京市民政局授予“2014年度首都志愿服务组织之星”荣誉称号。

治安志愿服务队，创建平安家园。成立社区治安志愿服务队，实行网格化管理，并通过社区微博、QQ群等信息化方式，确保发现问题在第一时间进行处理。治安志愿者服务队现已成为社区亮丽的风景线。

环保志愿服务队，打造花园式社区。组织开展创建“最美月季社区”，为打造花园式社区，受到了广大居民的好评，被大兴区评为“最美月季社区”。

22.**宋纪文**，门头沟区大峪街道峪园社区委会主任、党委副书记。

她归纳出“12345678”社区工作法，即一个目标、两条工作主线、三条工作原则、“四个统一”工作机制、“五民效果”、“六大工作平台”、提升“七项指数”、实施“八大工程”。实践证明，该方法与社区实际有效结合，激发了社区活力，提高了社区服务水平。

她积极探索社区治理新方式，制定了协商议事制度。她结合网格化管理，创建了“社区走动式工作法”，绘制了“社区民情标示图”，对社区事务进行精细化管理。

她以打造红色品牌为依托，在整合社区志愿服务资源基础上，成立了九支志愿者服务队，为社区贫困家庭、空巢老人、残障人员进行定期服务。

在她的带领下，该社区先后获得“全国精神文明建设先进单位”“全国创建学习型家庭示范社区”“全国和谐示范社区”等荣誉。

23.**唐杰**，海淀区马连洼兰园居委会委员。

加强理论学习，丰富专业知识。经过不懈努力，取得社会工作师中级资格证书。

任劳任怨，积极破解居民难题。在社区老旧小区改造中，面对施工方和居民之间的矛盾和冲突，唐杰利用节假日等空余时间入户了解辖区情况，加强与相关人员沟通，及时把百姓要求反馈给改造指挥部和施工方，切实化解了居民与施工单位的矛盾。面对社区住户漏雨的问题，她一面安抚居民，一面联系施工方进行维修，解决了社区安全隐患。

整治社区环境，创建文明社区。在北京市创建全国文明城区工作和创建六型社区工作当中，唐杰带领大家开展宣传工作，向大家宣传卫生知识。她不怕脏不怕累，带头捡垃圾，清理小广告，及时清理居民堆放的杂物，整洁的社区环境，得到了居民的认可。

24.**王玉荣**，平谷区滨河街道金海社区居委会党支部书记兼居委会主任、服务站站长。

她制定了“三必到”“一公开”工作法。“三必到”指居民有突发事件必到、有不满情绪必到、有家庭纠纷必到。先后解决了小区供暖、供电线路老化、化粪池淤堵等近1000次困难，稳定了民心。面对小区物业管理混乱，严重影响居民正常生活的问题，她组织召开党支部、居委会、业主委员会三方联系会议并达成共识，使金海社区成为平谷区第一个通过业主委员会聘请专业保洁公司的小区，面貌焕然一新。

创新思路，开创新局。她组织的“及时雨服务社”应急服务项目被评为北京市“1+1”社会机构助推社会组织优秀项目，创建的沐心坊心理疏导工作室，实施美丽金海公益服务项目、特色活动等七大项近百小项目，服务居民6000多人次。

王玉荣先后被评为北京市民政救助先进个人、北京市物业管理纠纷人民调解工作优秀人民调解员、北京市消防工作先进个人等。

25.**王子喆**，丰台区太平桥街道办事处莲花池社区居委会主任。

社区里哪家有残疾人、谁是下岗人员、哪家爱闹个家庭矛盾、谁又爱好个文体活动……这些情况他都摸得清清楚楚，并有针对性地开展工作。无论是疏通管道下水道，还是社区安全巡防，无论是挨家挨户走访，还是协调物业改善服务，他带领居委会成员总是走在前、干在先，用点滴汗水换来了居民的认可和支持。他从“企业大联盟”入手，链接社区资源，协调区域内多家企业、部队和事业单位，构建了条块结合、优势互补、相互配合、资源融合、服务一体的社区共驻大联盟格局，开创了社区建设的新局面。所在社区被评为北京市规范化建设示范社区、北京市地震安全社区，多次被评为首都绿色社区、区级文明社区、科普型社区和学习型社区。

26.**吴长清**，朝阳区望京街道花家地南里社区党委书记、居委会主任。

她以社区为家，十几年如一日。用“精心、诚心、热心、爱心、耐心”对待工作，服务居民，2009年以来先后为居民办实事100多件，亲自组织调解邻里纠纷60多起。她用“互动”“互利”“互惠”策略聚合社区资源，累计与社会单位签订互动折子项目80多项，争取辖区单位资金支持近100万元。她与北京青年政治学院联合创建“阳光心理工作室”，帮助居民解疑家庭关系、子女教育、个性情感等方面的心理问题，累计受益居民达2000多人次。她组织建立了街道第一所商务楼宇党建工作服务站，为推进社会领域楼宇党建，使辖区党组织和党员在推进社区建设和企业发展中发挥了应有作用；建立“残疾人温馨家园”服务基地，组织和接待各类服务和参观活动数百场。在她的带领下，社区成为北京市“六型社区”示范单位。

27.**吴潭**，石景山区太阳花听力言语康复中心主任。

她以聋哑儿童康复领域为平台，以社区为阵地，整合协同聋康领域内专业资源先后在十余个社区开展免费服务项目，深受当地居民欢迎；为了更好地解决贫困聋哑儿童的康复问题，她积极开拓社会资源，帮助聋康机构与多家企业、单位、团体结成互助关系，其中为贫困儿童筹集康复经费就有20余万元；注重宣传，善于利用各种平台与机会推广公益理念，开展多维度的交流与学习，为受助的个人和团体创造难得的全面的发展机会。

在发动与号召社会力量方面，她不断探索机构、社工、志愿者的联动机制，通过以往的工作已经积累了丰富的资源与开展活动的经验，并保持着志愿者年均参与活动1200人次的规模并仍在继续深挖这块业务。

28.**夏洁净**，顺义区石园街道石园北三社区党总支书记、居委会主任。

做社区建设的“掌舵者”。她注重倾听每一位社区居民的声音，想居民之所想，急居民之所急，尽力扮演好居民的“大管家”。她和退休老党员谈实事，与居民楼长拉家常，和流动人口聊服务，在她的小本子上记录着一条条的居民信息及需求，每一条都认真地分析并标注采取的实施办法。她带领大家把社区定位为绿色社区、科普社区，融合资源开展“亲情速递”服务项目，建立“科普体验厅”，规划“日间托老所”为社区各类群体提供温馨的服务。建立“双核四网”工作体系，打造社区居委会与物业公司为民服务无缝对接，形成了社区发现问题、物业解决问题，社区调研需求、物业跟进服务的区域共创的生动局面。

29.**许俊华**，顺义区空港街道万科城市花园社区党支部书记兼居委会主任。

她扎根社区，从党员队伍抓起，积极开展“党员一帮一责任制”“进百家门、知百家情、解百家难、暖百家心”等活动，引导党员在社区服务中发挥党员表率作用。她带领社区党员，开展一系列社区“民心工程”（“爱民、便民、利民、为民”赢民心）的工程。改善社区环境卫生，从每一个小细节做起，组织社区成员、物业和居民在社区开展环境卫生整治。她主动承担社区内大大小小的调解工作，得到了居民的一致认可。

社区工作复杂琐碎，往往是“上面千条线，下面一根针”，很多矛盾纠纷都落到社区，作为支部书记兼人民调解员，要以真心和宽容，以耐心细致的调解工作架起了与居民心灵相通的连心桥，筑起了维护社区稳定的第一道防线。

她多次荣获区、街优秀共产党员、先进居委会主任、社区优秀十佳调解员等称号。

30.闫红，海淀区八里庄街道定慧东里社区党支部书记兼居委会主任。

发挥党员先锋作用，提升党组织战斗力。结合街道工委开展的“相熟、相知、互帮互助、共建、共享”主题活动，有效发挥社区党组织的领导核心作用和党组织的战斗堡垒作用。

疏通建议渠道，切实解决社区疑难问题。建立了“呼应栏”，广泛征求社区居民意见，解决了施工扰民问题；新建了60平方米的餐厅，解决了老年人吃饭难问题；引进新发地蔬菜直通车，解决了居民吃菜难问题。

组建社区文化团队，丰富社区文化生活。成立了合唱队、舞蹈队、太极拳队、乒乓球队、花毽队，开设了手工班、摄影班、英语班、烹饪班等兴趣班，丰富了社区居民群众的文化生活。

开展志愿服务，拓展服务内容。成立了助老帮困、治安巡逻、环境卫生、文体宣传四支志愿者队伍；以“真情服务一带三”创新项目为平台，成立了老党员先锋队；与海淀老干部局党支部结成共建对子，共同开展助老服务。

31.**姚宇琳**，西城区金融街街道京畿道社区党委书记兼居委会主任。

满腔热情，真诚融入。为了让社区残疾人能够找到她，把自己的手机号码用卡片的方式发放给所有残疾人，保持随时沟通；深入残疾人家中，了解他们生活上的困难，为他们安装无障碍设施、送慰问品、开展多种多样的活动和讲座；组织志愿者对社区的鳏寡孤独老人开展敬老助老活动。

发挥特长，扎根社区。依托北京市民政局“1+1”助推行动，将原本自娱自乐的一个摄影兴趣班发展成了以老年人的需求为导向，开展各种为民服务公益性志愿者组织——京融摄影协会。该协会于2014年7月被西城区民政局评为三星级社区社会组织规范建设组织。

创新社区治理，实施参与式协商。搭建了“社区居民议事厅”社区治理创新平台，召开6次议事协商会，收集居民群众意见及建议25条，实现了社区治理的多元参与治理，更好地解决了社区的实际问题，更好地促进了社区治理与发展。

32.**于秀银**，门头沟区东辛房街道石门营新区五区居委会党支部书记兼主任。

她充分发挥社区党员的先进性和先锋作用，成立了守望新家园志愿者协会，组建了春晖治安队、春风劝导队、春雨环境队、春燕服务队、春华文艺社等五支志愿者服务队伍，在社区综合整治、治安治理、矛盾调解、环境营造、困难帮扶等方面提供服务。

她注重群策群力，结合社区特点，组建了民主议事团，把社区的楼门长作为成员，定期召开议事会，商讨社区中实事工程、公益金使用等重大事项，由议事团讨论通过后再上报审批实施，有效发挥了社区居民的自治水平。

她注重挖掘资源，与辖区单位成立共建团，定期召开联席会，与物业共同解决本辖区内垃圾死角的清理等问题，与社区民警共同做重点人的思想工作，与社区卫生站共同为居民提供医疗服务、健康知识讲座、义诊，上门为卧床不起的老人测血糖、量血压、提供用药指导等服务，受到社区居民的尊重和拥护。

33.**余跳**，北京青少年社团发展促进中心主任助理兼项目主管。

交朋友，打基础。2012年进入社团中心以来，联系服务青少年社会组织200余家，组织青少年开展各类活动300余次，服务青年10000余人次，被社会组织领域的青年朋友称为“知心人”。

重学习，乐奉献。为不断提升工作的专业化程度，他积极与专业项目团队研讨，向项目专家请教，向优秀项目取经，为全市200家各类青年社会组织共300余个项目提供项目策划、项目执行、项目监管等各项专业服务。

勤参与，汇资源。2014年带领在京10余家青年社会组织一起走进陕西安康、渭南开展青少年公益服务活动，为200人次青少年提供科技、环保、心理等各类服务，并与当地建立长效的资源对接机制。

重实效，勇创新。在团市委社会工作部的指导下，与工作团队一起负责“公益星期六”“3510绿色出行”等品牌活动的创建创新工作，动员300余家在京优秀青年社会组织开展活动近500次，服务人群5万余次，受到了各界媒体的广泛报道。

34.**张继刚**，怀荣区滨湖社区党总支书记。

齐抓党建聚民心。他积极组织各类活动调动党员参与社区建设的积极性和主动性，将“一个岗位、一本手册、一块阵地”贯穿于党员教育管理的始终，开通了“网上党员之家”，搭建与在职党员沟通交流的平台，成立了社区首家“流动党员之家”；制定了《滨湖社区流动党员登记制度》和《流动党员管理制度》，通过开展“三卡一簿”活动，即聘请卡、党员卡、联络卡和流动党员奉献社区光荣簿，加强了对流动党员的管理，增强了“奉献社区、服务社区”的党员意识。

办实事暖民心。他坚持到居民中去，听民声，解民困。他记录了从2012年以来，居民反映的各类问题，一件一件地解决，一件一件地再从本上划去。

为老服务安民心。几年来，丰富多彩的活动极大地调动了老干部参与社区建设的积极性。在他的努力下，滨湖社区获得“北京市利用社区资源做好老干部工作示范社区”称号。

35.**张颖辉**，怀柔区龙山街道南华园一区居委会副主任。

2012年，张颖辉参与组建了社区八点心语小屋，为上班族、老年人、下岗失业人员、流动人口、青少年提供心理咨询疏导、法律维权援助等服务。小屋从最初的无人问津到现在的主动上门咨询，由3名志愿者发展到56名志愿者，成功个案辅导居民35人次，团体辅导9期，心理健康教育6次，惠及人群有青少年、老年人、残疾人、失业人员、外来务工人员共2000余人次，使“八点心语小屋”真正成为社区居民心灵之家。

2014年6月22日怀柔区老年协会的老年爱心服务站启动仪式在龙山街道南华园一区居委会举办，会上介绍了小屋的经验，并在6个社区推广使用小屋的成功经验。

2014年8月8日，“八点心语小屋”正式在民政局注册成为民办非企业单位，张颖辉成为了法定代表人，这是龙山街道第一个以社工为法人注册的社会组织。

“八点心语小屋”先后被授予怀柔区十佳社区服务品牌、首都社区志愿服务组织之星等荣誉。

36.**赵彩云**，昌平区城南街道畅春阁社区居委会主任。

着眼“立民”，真诚听取居民意见。她带领大家建立了社区沟通网络，定期入户听取居民群众意见和建议。通过居民QQ群、微信群、手机短信平台，搭建起社区与居民之间、居民相互之间的“零距离”沟通桥梁。

积极“便民”，整合辖区资源优势。充分挖掘社区资源参与为民服务，使社区65岁以上老年人享受到免费理发服务；开展居住证明、老年人乘车证、老年证、社保证明、流动人口暂住证明等预约服务，居委会办事人员上门办理，解决了居民办事来回跑、浪费时间的问题，切实为他们提供了方便。

立足“乐民”，广泛开展文体活动。挖掘社区内有文艺特长的居民资源，以做好社区居民文化体育活动为主线，打造文化品牌社区。社区合唱队、柔力球队、舞蹈队吸引大批居民参与，活跃了社区文化生活，并多次代表街道参加比赛和交流活动，取得优异成绩，树立了社区品牌。

2011年，赵彩云被评为“北京市先进居委会主任”。

37.**赵莉娜**，海淀区阳光友谊儿童康复训练中心主任助理。

她从特殊教育专业毕业十年来，一直从事特殊儿童的康复训练工作。在工作岗位上，她主要承担阳光友谊的教学与研究工作，积极实施特殊教育改革，发表相关学术论文3篇，在特殊儿童的康复、早期疗育及干预训练中具有丰富的经验。

在教学与研究的同时，她还承担着孤独症儿童的个别化训练、家长培训等日常管理工作。孤独症儿童经过三到六个月的训练，从无语到有语言实现了打开孤独症封闭之门的跨越，经过康复后的孩子让家长有了笑脸，更让家长看到了希望。

在为小年龄孤独症儿童做好康复训练工作的同时，积极探索大龄孤独症的发展方向，2015年带领机构45名专业教师及广大志愿者为海淀区25名孤独症青年提供心理疏导等五项专业服务，全年累计上门服务700次。她还组建了志愿服务团队，带领近百名志愿者为海淀区八里庄温馨家园及门头沟区大峪温馨家园的60名大龄残障人士定期提供助残志愿服务。

38.**赵伟**，北京厚德社会工作事务所青年汇项目总监。

赵伟是全市第一批入职社区青年汇的专职社工。他积极探索社区青年汇建设方法，找青年、建机制、搭平台。举办大大小小活动540多次，联系辖区各类青年群体16300人次，组织策划千人规模的活动10余场；成果转化推广了蓝领白领技能交换、领航创业就业论坛等37个品牌活动；积极发挥社区青年汇“枢纽型”社会组织作用，先后培育魔术俱乐部、绿手套户外探索俱乐部等优秀青年社团组织27家。

2013年10月，赵伟当选为北京厚德社会工作事务所督导，活跃在督导一线，实地走访了5个城区的90多家青年汇，组织策划了市级层面的社区青年汇首届“3V3”篮球赛、社区青年汇首届歌手大赛等大规模赛事活动6场，覆盖了10万余名青年，产生了良好的社会影响。

赵伟曾获2011—2012年度首都精神文明建设奖、2012年度社区青年汇优秀社工、2014年社区青年汇优秀督导、2014—2015年北京青年五四奖章等多个荣誉。

39.**赵秀娥**，大兴区永华南里社区党支部书记、居委会主任。

情系人民调解，促进社区和谐。面对社区里繁杂、琐碎的邻里纠纷和居民的家长里短，她亲自抓社区调解工作，在社区内建立了调委会、调解小组、调解员、信息员的社区调解工作网络，提升了基层社区化解矛盾纠纷的能力和水平。在她的引领下，2011年，社区被评为“市级人民调解规范化建设示范单位”，调解案例被收录到《北京市物业管理纠纷人民调解优秀案例汇编》。

心系社区科普，创社区文化品牌。她依托社区优势资源，打造社区文化品牌。她积极整合社区优势资源，带领所在社区成功获评 “国家级科普示范社区”。并成功申报国家级减灾示范社区和“北京市健康社区”称号。她积极与大兴区科技技术协会联系，在2013年6月签约启动了“科普携手农商社，绿色盆栽进家庭”活动，让绿色盆栽走进了永华南里社区的每家每户，装点了家庭，扮靓了心情。

2012年，赵秀娥荣获“全国调解能手”荣誉称号，被评为“最美北京人”。

40.**邹晓昕**，北京芳华社会工作服务发展中心执行总干事。

以家庭综合服务为出发点，探索妇女工作与社会工作的融合。从2011年开始，她在妇联系统先后策划家庭综合服务项目、妇联社工种子计划、“益家筑梦，携手成长”等服务项目中，探索不同层级妇联组织、专业社工机构在妇女儿童社会工作服务中的任务与定位，建立了妇女儿童专业社工服务工作推进框架。

以妇女儿童专业社会工作实践为基础，创建专业社工机构，为推动妇女儿童专业社会服务搭建平台。2013年，邹晓昕创建北京芳华社会工作服务发展中心。一方面，在全市范围内开辟20个社工服务点，依托妇女之家，开展妇女儿童专业服务，尝试建立专业服务的服务指标与评估指标体系；另一方面，通过项目管理开发社会服务评估指标体系、方法体系和工具体系，她带领中心共监测妇女儿童领域社会服务项目近30个，结合国际、国内项目评估理论，开发出了评估指标体系、评估方法体系及相关评估工具。

第五届首都最美社工及优秀社工

第五届“寻找首都最美社工”活动于2016年开展，共评出10名最美社工、40名优秀社工。

一、首都最美社工（10名）

（一）最美妇女儿童专业社工邹晓昕

北京芳华社会工作服务发展中心　邹晓昕

邹晓昕具有中级社会工作师、国家三级心理咨询师资格，主要从事妇女儿童社会工作。因成绩突出，获得北京市优秀社工称号和全国百名社工人物荣誉。

邹晓昕从事社会工作学习、实践十年，从一名普通的专业社会工作者开始，历时五年躬身妇女儿童专业社会工作实践，2013年底创办北京芳华社会工作服务发展中心，推动了北京市妇女儿童领域专业社会工作的发展。她和团队以妇女儿童公益服务项目为载体，紧紧抓住家庭综合服务这个核心，利用社会工作专业理念与方法，依托妇联体系，建立了妇女儿童专业社会工作服务框架。北京芳华社会工作服务发展中心先后与北京市妇联、中国儿童发展基金会等单位合作，打造了“益家筑梦，携手成长”家庭综合服务项目、

“一家衣善”家庭环保行动、妇女儿童公益服务博览会等面向全市家庭开展的大型品牌性公益活动，直接服务达7500余人次，间接服务达两万余人次。

2016年，芳华又在北京市朝阳区高碑店村支持下，创建了“北京高碑店村家庭成长乐园”，成为北京首个家庭综合服务实体。乐园以社区内的妇女儿童家庭为服务对象，以专业社会工作为手段，挖掘家庭成员潜能，提升家庭解决问题的能力，推动社区建设。

重视理论研究，着眼理论与实践的双重发展。一是通过项目管理开发社会服务评估指标体系、方法体系和工具体系。二是以家庭成长乐园为依托，开发妇女儿童专业社工服务指标与评估指标，开展妇女儿童专业社工本土化路径探索与研究。

（二）校园的“知心姐姐”班春燕

房山区春燕社会工作事务所　班春燕

2013年，班春燕从月薪上万的外企辞职来到房山区成为一名社区工作者。2014年，在区委社会工委的支持下，她创办了春燕社会工作事务所，免费为社区居民开展心理测量、心理讲座和心理咨询等服务，推动了专业心理服务平民化、亲民化。2015年，她被评为市“三社联动社工服务之星”称号。

为解决心理服务收费较高的问题，她努力筹措资金，积极申请市级专项资金和社会资金支持，为社区居民和学校师生提供免费服务。在她的带领下，事务所由最初的仅有两名成员发展到现在拥有16人的专家、41人的志愿者队伍。她主张组建本土化专业队伍，培养自有人才，从而促进了房山区人才的专业化发展。通过她和团队的不懈努力，先后走进200多个社区、企事业单位和学校进行公益的心理健康知识宣传普及，帮助大家纠正错误认知，提高心理健康重视度。同时其带领团队成员进驻社区，为居民开展免费的一对一心理咨询，不厌其烦地逐一向大家解释心理学，解答生活困扰，服务居民近5000人次。

将心理服务带进校园，为教师排解工作压力，为学生开展心理健康教育活动。针对目前频发的校园暴力事件，她一方面及时帮助受害学生进行心理干预，防止学生情绪积压导致心理问题；另一方面派驻学校社工，在校园推动防止暴力活动，同时关注受害学生家长，进行心理疏导和必要的教育指导，通过学校和家长对学生的关注，防止此类事件的发生。她的工作得到学生家长和学校的一致好评，其事务所被区教委指定成为房山区师生心理服务基地。

（三）最美先进社区带头人陈桂平

朝阳区麦子店街道枣营北里社区　陈桂平

陈桂平是朝阳区麦子店街道枣营北里社区居委会主任，助理社会工作师。她“用心待人，细心做事”的一贯作风，得到了群众的认可。她带领社区先后获得北京市先进居委会、全国绿色社区、北京市花园式社区、北京市科普示范社区、北京市“六型”社区等荣誉。她个人2013年获得朝阳区第一届爱岗敬业模范社工——金蜜蜂奖、2015年获得第二届全国模范“小巷总理”。

陈桂平常说：“社区工作是以心换心的工作，有丝毫的不称职，群众都看在眼里，有多少付出，群众也都记在心里。付出了真心，群众自然也会用真心来回馈。”在成为社区居委会主任后，她坚持做到与民“三同”——同心、同力、同策，站在群众的位置思考问题，为他们排忧解难，共同为社区建设集思广益。通过多年实践，她总结出“三要”的工作方法：一要善抓“小”。群众无小事，必须将这些事情“举过头顶”认真办好，这就是“大作为”。她口袋里常装两样东西，一部24小时开机的手机和一本记录有居民信息和待办事项的民情日志本，谁家下水道堵了、哪家有空巢老人、哪户生活遇到困难了……这些“家务事”都详细地写进本子里，装进她的心里。二要善理“闹”。邻里相处中不免有唇舌之争，这种“闹”可能是情绪的发泄，也可能是利益的纷争。因此正确的处理方式，能让大事化小，小事化了。三要善思“求”。在社区建设中，居民的诉求是最重要的，“居民需要什么，我们就去做什么，这才能得到居民的理解和支持，做工作才能事半功倍”。十几年来，她带领全体社工攻坚克难，先后解决了社区私搭乱建、环境脏乱差、电梯老化等系列难题，使社区环境旧貌换新颜，得到了群众的一致认可。

（四）最美星级社区带头人冯永刚

东城区崇文门外街道西花市南里东区社区　冯永刚

冯永刚时时处处以党员的标准严格要求自己，严谨求实，勤奋刻苦，不图名利，不计个人得失，以身作则，在社区急难险重工作面前，敢于迎难而上，勇于担当，充分发挥一名党员的模范作用。他经常深入社区居民中了解群众的所思所想，加强与物业公司和驻辖区单位、商户的沟通联系，积极化解如居民与物业、商户之间的矛盾纠纷问题，形成了社区建设的合力。充分发挥在党和政府与居民群众之间的连心桥的作用，为社区居民群众排忧解难，全力推动和解决社区内的老大难问题，如：新景家园东、西区回迁楼电梯大修的问题；社区内消防设施基本处于瘫痪问题；顶层的居民家漏雨问题；为50户居民解决了自回迁入住以来就存在的结露老大难问题等。充分发挥社区党建物业联建作用，积极化解居民与物业之间的矛盾纠纷，带动物业公司向社区投入50余万元为新景家园回迁小区更换了91个单元门。

创新运用“四五六”工作法，通过在全体社区工作人员中开展了“四强化”“五提高”“六坚持”行动，有效地将两委班子成员打造成了团结、协作、务实、高效的工作团队。按照“抓班子，带队伍，强基础”的总体思路全面抓好社区各项建设。在2012年和2015年，西花市南里东区社区党组织都被评为“五星级党组织”，2016年社区党组织又被评为东城区先进基层党组织。在他的带动下，让一个在全街道出了名的落后社区跃升为先进社区。

他以饱满的工作热情、扎实的工作作风、优异的工作成绩，赢得了广大干部和社区群众的普遍好评。

（五）空巢老人眼中的“贴心小丫头”康彦杰

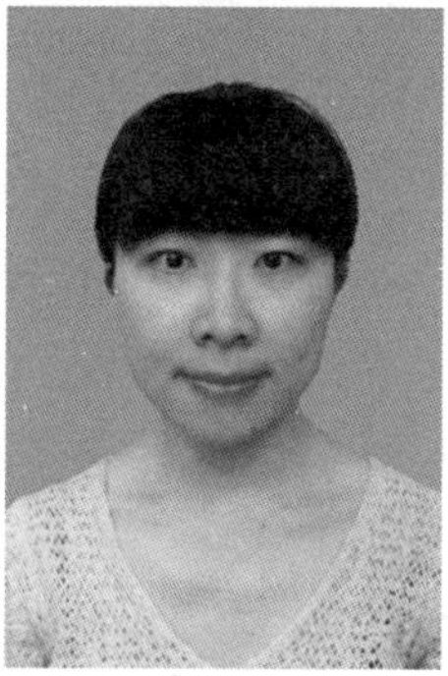

海淀区睿搏社会工作事务所　康彦杰

康彦杰现任北京市海淀睿搏社会工作事务所理事兼专职街道社工，中级社工师。她曾多次获得“优秀社工”“优秀家访员”称号。在社工事务所她始终满怀激情，运用社会工作专业知识和专业技巧开展为老服务。

自2014年以来，康彦杰长期被派到上地社区担任街道社工，先后承担了老龄、双拥、优抚、军休和养老照料中心建设等工作，针对困难老人、部队官兵等人群，积极组织开展各类活动，在行政社会工作中，尽职尽责，得到了各级领导、同事、社区居委会的一致肯定。2014年4月至今，她连续三年参与“城市流动和贫困家庭儿童家访示范项目”，每周都前往肖家河社区针对0~3岁儿童开展早期教育服务，共计服务对象11名，累计服务900余次，每年都被项目工作办公室评为“优秀家访员”。2015年6月—12月，她成功申请并带领项目团队开展了北京市民政局三社联动之“爱心助孤老 三社暖空巢”养老关爱项目，项目共计服务对象100人，家访慰问、社区陪聊千余人次，小组活动11次，社区活动10次，个案服务10名，老人回忆录制作10个等，项目的展开获得了领导及社区的一致称赞，服务对象感慨：“别人都非常羡慕我们的社区”“项目真的切实让我们感受到了政府对空巢老人的关爱”，同时以《北青社区报》为主要阵地进行宣传，扩大项目的社会效益，传扬正能量，营造敬老爱老的社会氛围。

三年多来，她已逐渐成为群众口中的“金牌社工”、老年人眼中的“贴心小丫头”和同事眼里充满活力的“协作者”。

（六）最美社工英才李璐龄

西城区社会工作者联合会　李璐龄

李璐龄，北京市西城区社会工作者联合会/北京市西城区睦友社会工作事务所总干事、会长（兼）。李璐龄多次获得北京市优秀青年人才项目资助及西城区优秀人才项目资助，并荣获全国“优秀老年社工”、北京市首批社会工作领军人才、西城区百名英才——优秀青年人才、西城区“中青年专业技术骨干”、全国首届社工实务督导班“优秀学员”“杰出学业奖”等荣誉表彰。

多年来，她热爱公益事业，勤奋进取，拥有扎实的专业理论基础和丰富的社工实务经验，始终坚持社工专业理念，发挥老年社会工作和社会服务管理之长，扎根基层，不断开拓创新专业服务。她带领睦友社会工作事务所成长为专业性强、服务品质好、具有良好社会影响的专业社工机构，参与探索了西城区“以会带所”专业社工机构的发展模式，推动了社会工作的本土化发展。她致力探索本土化社会工作实务经验，树立优质社工服务品牌。关注老年事业，直接参与多个项目，积极推动“社区—养老机构—医院”三位一体老年社会工作服务体系建设。围绕为老服务，带领团队逐步探索形成了“不倒翁”防跌倒义工行动、“耆智乐颐年”老年痴呆症服务、“心动力”三社联动社区发展服务等多个专业性突出、持续发展能力强、社会效益好的机构品牌特色服务，协助老人及其照顾者解决了心理和社会问题，使服务对象重新感受到生命价值，重拾生活信心，很多服务对象由接受服务逐渐变成为他人提供帮助，在互助过程中获得了更大的满足感和幸福感。

李璐龄注重经验总结和研究，带领团队先后形成多个具有推广意义和借鉴价值的服务模式，并多次在刊物发表专业性文章。

（七）最美专业助残社工李玥

朝阳区望京李楠社会工作事务所　李　玥

李玥自2012年进入社会工作领域以来，以追求专业、创新模式、思考发展、聚力情怀的职业操守和人格魅力，推动社会工作专业化、本土化发展。在她的带领下事务所连续四年获得社区青年汇工作突出贡献奖；被评为北京市未成年人保护工作先进集体；被授予首都劳动奖状；被评为“全国百强社会服务机构”。她带领团队开展的“暖意融融残疾人志愿服务项目”荣获第二届中国青年志愿服务项目大赛银奖。她个人荣获社区青年汇优秀督导、北京市青年岗位能手称号。

通过学习和实践，她将社会治理创新与打造服务品牌相结合，探索推行“社区青年汇三社联动”工作模式，努力为青年志愿服务搭建平台，实现了残疾人温馨家园与学雷锋志愿服务站、社区青年汇三个平台的共建。经过多年摸索，李玥总结出一套搭建“五个平台”、建立“五支队伍”、形成“四化工作机制”、最终实现“运用社会工作专业优势开展助残志愿服务”的“5541”工作模式。践行“阳光行动”的精神，坚持“精品”服务理念，打造了“暖意融融”残疾人志愿服务项目、“朝阳伴夕阳”青年助老志愿服务项目、“温馨家园党旗红”党员助残志愿服务项目等品牌。探索为青年志愿服务搭建平台、建立阵地，实现了温馨家园与学雷锋志愿服务站、社区青年汇的“1+1”手拉手共建，在青年助残志愿服务阵地、项目、队伍等方面实现新突破。

打造高校、社区、社会单位等助残志愿团队二十余支，吸引了500余名志愿者，参与服务1500余人次，累计助残服务2700余小时，受益人群万余名。

（八）最美心智障专业社工曲卓

海淀区融爱融乐心智障碍者家庭支持中心　曲　卓

2014年北京市第一家由心智障碍者家长自发的民间组织——北京市海淀区融爱融乐心智障碍者家庭支持中心注册成立，致力于支持心智障碍者实现自身的社会价值。曲卓在融爱融乐机构担负起筹建支持性就业辅导员团队的重任。这需要由一支就业辅导员团队在评估、个性化培养、岗位设计、密集支持等七个工作环节上，如同流水线一样在科学的技术指导下有计划、有步骤地协作完成。筹建这样一个在中国前所未有的专业性就业辅导员社工团队，曲卓用了18个月。

2015下半年开始，融爱融乐的就业辅导员团队硕果初结，边实践边整理，形成了一套本土化的心智障碍者支持性就业工作体系，并将此技术在全国多个城市进行推广复制，倡导更多的心智障碍者实现生命的价值、拥有工作的权利。

北京有20多万心智障碍者，其中具有工作潜能的适龄人群约有8万之众，但工作机会十分有限，而且走上工作岗位需要经过特殊专业培训。作为一名社会工作者，曲卓心里装着服务对象，利用专业技能，尽职尽责地为心智障碍者服务。在她的带领下，支持中心建立了一支专业就业辅导员队伍，为心智障碍者提供职业潜力评估、职业素养培训、就业岗位评估和岗位开发，有效满足了心智障碍者的就业需求。同时，曲卓还自学心理学知识，为心智障碍者家庭提供心理疏导，有效避免了家人顾虑和恐慌，受到服务对象家庭的高度认可。

（九）最美社会心理社工王学静

怀柔区天馨社会工作事务所　王学静

王学静是北京怀柔天馨社会工作事务所主任，曾任中国心理学会项目官员，并获得“优秀项目经理”荣誉。2014年，带着社会使命与一个心理学人的责任，王学静创办了北京怀柔天馨社会工作事务所。几年来，王学静带领团队组织开展公益活动百余场，以传播心理健康为主，安排现场免费咨询和预约单独咨询，为怀柔区龙山街道、桥梓镇辖区居民义务提供帮扶。

对怀柔区的独居、失独、残疾老人，王学静带领团队建立了一对一结对帮扶长期机制，组织咨询师、志愿者定期到老人家中看望。她常说，过节的时候，各部门都会去看老人，咱们不必凑这个热闹，平时老人孤单一人时，才真正需要我们呢。一年下来，王学静单独拜访怀柔本地老人50余人次，许多老人成了她的朋友，遇到什么事就会给她打电话，把她当成了女儿一样。王学静对这些老人也是如家人一样看待。

怀柔本地还有许多特殊的儿童、青少年，也是王学静团队的服务人群。她带领老师到家中看探望，给他们鼓励与温暖。她的团队还联合怀柔区另外四家组织进行了公开募捐，所得全部用于救助贫困儿童、青少年。

王学静常说，要带着温度去做社会工作，你来到服务对象身边，就要让他们感到温暖，这是社会工作最大的特点。她也一直坚守着“做个有温度的公益人”的原则在行动。

（十）最美创新社区治理社工赵红

石景山区老山街道东里北社区　赵　红

自2002年走上社区工作岗位至今，赵红一直在工作岗位上兢兢业业，两次被评为“北京市先进社区居委会主任”。她将社区党建工作与各项工作有机结合，培育出大量各具特色的社区民间组织；有效合理利用和挖掘社区资源，建设社区居民活动场所；开展形式多样的活动，有力调动居民参与社区建设的热情，形成了社区党建多元参与共建机制。她推创了“同心老山北里”项目作为社区党委、居委会服务社区、服务群众的重要载体。该项目下设“一站”“两社”“三苑”。“一站”即志愿者服务站，由党员牵头，居民踊跃参加，内容涵盖了治安、环境、文体、健康等多个方面，通过坚持实行每周“义务60分”，吸引更多的党员及普通群众加入其中。“两社”即巧娘编织社、养心社。巧娘编织社是北京市首批妇联命名的巧娘工作室；养心社包括健康聊天会、读书心得分享等活动，通过传递正能量，达到养心的目的。“三苑”即读书苑、文艺苑、健身苑。读书苑，鼓励居民爱读书、读好书、用好书，提升居民文明素质；文艺苑包括舞蹈队、合唱队、金色夕阳英语俱乐部等文艺团体，改变精神面貌，提升幸福指数；健身苑包括乒乓球、羽毛球、健步走、健身器材锻炼等队伍的成立，增强居民身体素质，提高生活质量。培育出多个各具特色的社区社会组织，提高了居民生活幸福指数。在她的倡导下，由社区党员牵头每周开展“义务60分”志愿服务活动，内容涵盖治安、环境、文体、健康等多个方面，有力调动了辖区居民参与社区建设的热情，形成了社区党建的多元参与共建机制。

二、优秀首都社工（40名）

1.**曹玉环**，延庆区香水园街道新兴西社区党委副书记、居委会副主任。

在工作中，她以自创的“一专二意三心四勤”的工作理念开展工作。一专，就是做工作必须专业。二意，是自身必须具备责任意识、服务意识。三心，就是要有爱心、耐心、诚心。四勤，就是工作中要做到眼勤、耳勤、腿勤、手勤。

曹玉环始终以饱满的工作热情践行着建设和谐社区的服务理念。在灾害发生时，在居民需要帮助时，她总是冲在前面。“7·21”大雨过后，她主动逐户地到住在一楼的老人家中探访；“11·3”雪灾时，她带着高烧，不仅冲在扫雪铲冰的第一线，而且还为停水停电的居民送水送蜡烛，跟随物业排查供暖问题，清理雨污井，忙得几天几夜没回家；社区残疾老人在家摔倒求助，她接到消息后及时把老人送到了医院。2014—2015年连续两年，她被区社工委评为优秀社区工作者。上级要调曹玉环到机关工作，居民纷纷通过各种方式进行挽留，她最终选择了留下。

2.**陈雅文**，苹果园街道下庄社区党委书记、社区主任。

她认真记录民情日志，将群众反映的问题迅速整理归纳并及时处理，加强了社区党组织和社区居民群众的血肉联系，构建起知民情、聚民智、暖民心的民心网络。

她创新发展思路，开拓了党建工作新局面。深入开展“闪亮蒲公英”服务队活动，为社区居民提供了更加周到的服务，得到了居民们的一致肯定。

她还发动一些退休并有一技之长的居民，开展了各种惠民活动，丰富了居民们的日常文化生活。她积极协调社会公益组织，为社区居民开展公益服务。

2016年人大换届选举期间陈雅文同志正值孕期。她不仅高标准协助人大选举工作，还忍着身体的不适亲力亲为入户登记，对人户分离的选民也力争不漏掉一人。

2008年，陈雅文被评为“石景山区优秀党务工作者”，2014年被评为“北京市先进居委会主任”。

3.**范红霞**，紫竹院街道厂洼第一社区党委书记、居委会主任。

范红霞在工作中，坚持把抓党建作为前提，不断凝聚建设和谐宜居社区的强大正能量。范红霞坚持常态化落实党员“三会一课”制度。注重把“两学一做”教育与社区信访维稳、文明创建、计生等工作相结合，设立“党员联系工作站”，成立“社区党员志愿者服务队”。她始终把惠民生作为核心，努力提高全心全意为民服务的质量效益。范红霞的工作理念就是为民办实事，宗旨就是让群众得实惠。她注重把求实效作为重点，创新推进社区建设全面健康发展。范红霞的创新性地提出了网格工作“四诊”工作法：“巡诊”，真心实意访民情。“接诊”，尽心竭力解民难。“会诊”，协调各方解矛盾。“复诊”，真情服务促满意。在范红霞的带动下，社区年度各项工作开展顺利，各项工作任务完成出色。范红霞先后被评为优秀义工、区级优秀法制宣传员、区级人民调解员之星、区级实有人口信息核查先进个人等。

4.**范丽丽**，北京市西城区什刹海街道柳荫街社区党委书记。

2012年9月在范丽丽的倡导下，社区组建了以她为队长，以柳荫街社区为主，什刹海体育运动学校、西城区西杰清洁服务中心、齐鲁饭店、宏源南门涮肉后海店、全聚德后海店5个单位参与的由32名党团员组成的共建单位助老服务团队。

助老团队志愿者在每年“学雷锋日”、端午节、重阳节、春节都为社区老人提供家电维修、订餐、送餐、理发、清洁卫生等服务。为了防止高龄老人和部分高血压老人经常性跌倒，她与助老团队志愿者实施了“不倒翁”防跌倒专业服务工程，通过邀请北京市疾病预防控制中心专家举办防跌倒健康知识讲座，向老年人发放防跌倒健康小折页，为辖区40名85岁以上老人、7名党员和3名“四就近”老干部购置防滑鞋、防滑垫等服务。

范丽丽先后获得“西城区尊老敬老帮扶先进个人”“北京市先进社区居委会主任”“北京市孝星”等荣誉。

5.高亚东，顺义区胜利街道建新南区第二社区党总支书记、居委会主任、服务站站长。

她以开拓创新的精神，带领社区两委班子通过开展“六个关心”活动，建立落实《建南二社区关爱制度》等措施，开展社区关爱；通过整合社区资源，改善社区活动用房条件；于全区率先在楼道一层安装扶手，为老人下楼“解一米之困”并得到普遍借鉴，使成千上万的老人受益；构建了建南二社区“N+1”“一键式”和“睦邻互助”三个为老服务网络，使社区为老服务全覆盖；依托社区卫生医疗资源优势、引入社会组织开展“真情爱晚——失能老人帮扶工程”，探索“医养结合，社区照顾”为老服务新模式；发挥老兵优势，组建社区老兵志愿服务队；通过评选“建南二社区身边最美好人”等形式实施“育魂工程”，为社区发展凝心聚力。

她多次荣获顺义区“优秀共产党员”“巾帼建功标兵”等荣誉。

6.**高志新**，北京市京师社会工作事务所副主任。

由他策划的“救在眼前”安全知识公益课堂项目以第一名的成绩入选朝阳区阳光伙伴优秀项目。“救在身边”安全知识普及也入选团市委区域化团建小微项目。2015年，由他带领设计的“关爱青春——青少年生存知识宣教推广项目”入选北京市政府采购项目。这三个项目，几年以来已经在30多个街乡社区以及8所打工子弟学校开展了近百场安全主题公益活动。2015年，在他的努力下，单位又承担了商务楼宇青年的服务项目，开展商务楼宇安全培训40多场，应急体验训练营6场。他还开发出多项安全教育培训用品，并结合儿童安全教育特点对原有的青少年自护跳棋进行了改进。同时又开发了多门校园安全教育课程，基本形成了从幼儿园至青年全覆盖的安全教育体系。他还连续两年参加了团中央组织的“缤纷夏日·快乐童年”——青年社会组织为留守儿童暑期送欢乐公益行动，跟志愿者一起为留守儿童开展公益援助活动。

7.**葛巍巍**，北京市丰台区卢沟桥乡丰北物业商务楼宇工作站站长。

从事商务楼宇非公党建工作以来，她按照“以人为本、服务为先、聚力强企、促进发展”的工作思路，着力在提高认识、摸清底数、扩大覆盖、发挥作用、创先争优、促进发展等方面开拓创新、攻坚克难，以“三服务”（服务企业、服务党员、服务员工）、“四个有”（党的方针政策有人宣传、发展党员工作有人负责、企业和职工有人联系、群众工作有人组织）、“五个好”（组织好、制度好、服务好、载体好、成绩好）为工作目标，规范化管理，夯实楼宇党建阵地；多样化渠道实现党的工作全覆盖；创新化实践，开展党建工作。切实发挥了非公企业党组织在企业职工中的政治核心作用、在企业发展中的政治引领作用，增强了党组织的凝聚力和创造力。

葛巍巍两次被评为“卢沟桥乡优秀党务工作者”，2016年被评为“北京市社会领域优秀共产党员”。

8.**关欣**，北京佑安医院医务社会工作师。

她运用个案工作方法，帮助艾滋病患者，通过和患者正确的引导、交流、访谈，建立信任关系。为患者提供链接资源的信息，国家对艾滋病人的“四免一关怀”政策中包括艾滋病人服用的抗病毒药物免费，可以在佑安医院免费领药，接受抗病毒治疗。

她通过网络、微信公众号等新媒体动员干预MSM进行艾滋病抗体快速检测、高危人员的健康行为指导；接听面向全国患者的艾滋病咨询热线，据不完全统计约150次/月，解答或解决他们的实际问题。参与开展“美好青春我做主，防艾知识校园行”活动，5年来，他们深入到大学校园为学生进行防艾知识宣传6场次/年，减少艾滋病疫情在校园中的传播。积极开展执行北京市民政局福彩项目“以爱助艾——搭建艾滋病感染者融入社会的桥梁”。

9.**侯喜君**，左家庄街道三源里社区党委书记。

三源里社区是20世纪80年代建设的老旧小区。侯喜君常常深入居民家中了解需求，多次到辖区社会单位进行沟通。2012年12月，在侯喜君带领下，社区党委针对三源里北小区“四多四少”的特点，引导社区成立“邻里服务社”，探索开展“居民自助、邻里互助、社会共助”的“三助工作法”，构建了由1个服务社、10个服务队、60个服务小组、若干名居民志愿者组成的“1+10+60+N”的四级立体服务网络，决定以北小区为试点，率先实施“三助工作法”，蹚出一条可供复制的居民自治服务道路。

2013年，侯喜君荣获左家庄街道爱岗敬业模范社工银蜜蜂奖，2015年被评为左家庄街道优秀共产党员，2015年获朝阳区第二届爱岗敬业模范社工金蜜蜂奖，2015年荣获第二届全国模范“小巷总理”光荣称号，2016年荣获全国“五一劳动奖章”。

10.李敬，五里仓第一社区党支部书记、居委会主任。

她坚持以党建工作为核心，社区工作者为主体，积极动员社区党员、志愿者和居民共同参与经济社会事务管理，用创新党建工作的模式来打造社区特色品牌，相继提出“党员引领队服务机制”“老干部当班协同机制”“月评会联动机制”“老干部先锋日记学习机制”四项管理机制。

怀着为政府分忧、为社区解难、为居民服务的情感，她坚持“以人为本”的工作理念和贴近群众服务的原则，把服务群众作为社区工作的奋斗目标，面向社区全体居民开展便民利民服务。

她提出建设“幸福家园”型社区，以各种文体活动为依托，引导居民自觉履行法定义务、社会责任、家庭责任，从提高居民精神文明、素质教育方面入手，使社区居民对“幸福家园”有了深刻的认识，“幸福家园”理念在社区成熟稳步扎根发展。

自1997年参加社区工作以来，多次被街道评为“优秀共产党员”，获得“首都社区安全保卫之星”“顺义区老干部工作先进个人”等多项荣誉。

11.**李静**，通州区北苑街道玉带路社区党总支书记、居委会主任。

她积极探索社区工作新模式，提高服务效能。她在通州区建立首家户外科普园地，成立了社区工会联合会，为辖区企业和职工服务。她组建了合唱团等各种文体队伍12支；开辟公益岗位，组建6支服务队伍；此外还组建了“张品正服务队”，主动承担起为老服务。

她真心、热心、耐心服务辖区居民。她在社区建立了“心理咨询调解室”，成功化解了多种群体事件，协调解决各种家庭矛盾、邻里纠纷事件上百件。创建了“走动式工作法”，使社区干部与辖区单位及居民建立了良好的关系。

她对自己严格要求，发挥好传帮带作用。她创建了“李静工作室”，共培训社工1000余人次。在她的带动下，社区干部们考取社工师4人，助理社工师12人，另有4人担任社区正职、2人担任社区副职。

从事社区工作14年，她先后被评为“北京市劳动模范”、通州区“优秀共产党员”、通州区“勤廉之星”。

12.**李军**，丰台区马家堡街道嘉园三里社区党委书记、主任。

李军自2012年4月担任社区党委书记以来，以创新为驱动力，致力于打造服务型党组织，为居民提供定制化服务。

一是整合辖区资源，创建非公企业服务品牌。开办社区托老所，以“公办民营”的模式为社区老人提供入住、订餐、居家照管等服务，极大地满足了社区老人的需求；开办“四点半小学校”，解决孩子放学时间与家长下班时间不匹配的问题。

二是发挥大党委作用，创新社区服务项目。以居民多样化、个性化需求为出发点，将党委工作内容延伸，把“一刻钟服务圈”内的大型商户纳入社区服务队伍中，创新推出了“一对一”企业服务社区模式。

三是搭建多方服务平台，创建“线上+线下”服务模式。开通“阳光嘉三”微信公众号，以提供公益服务、便民服务等为主要内容，充分发挥社区资源优势，激发居民对共同建设社区的热情。

13.**李明**，密云区鼓楼街道花园西社区居委会主任。

2009年到社区工作后，他用学习转变角色，以能力适应新的岗位。他创办了《花园社区之窗》，通过刊物进一步弘扬“奉献、友爱、互助、进步”的志愿者精神，及时报道社区工作，提高了社区知名度。

他积极争取政府的老旧小区改造项目，从根本上改善了社区环境。他与辖区商户广交朋友，使商户紧密团结在社区居委会周围，为社区服务提供人力、物力、财力支持，有力支撑了社区各项活动的开展，推动了和谐社区建设。

他促使社区志愿者工作常态化。市民劝导队10年来风雨无阻开展治安巡逻、文明劝导，成为密云区社会防控的一面旗帜；获得“最美京郊人”称号的志愿者孙凤芹十几年如一日上门为行动不便老人理发；孙老师去世后，居委会工作人员接过孙老师的理发工具，继续主动为残疾老人、行动不便老人上门理发，使志愿者精神发扬光大。

14.**林雪**，北京市门头沟区风格与爱社会工作事务所项目主管。

她在心理咨询、心理治疗社会服务中，设计开展了多类服务形式：帮助学生家庭探索成长过程中的沟通技巧；介入改善特殊家庭不协调的家庭支持系统；对教师开展工作理念培训，促进师生间的正向支持。由她自主开展的同质性团体辅导项目主要针对“问题少年”进行辅导，使其感受集体的力量，矫正心理偏差。

她策划执行了多项团体活动、科研讲座、新闻发布会；参与多家媒体心理板块的策划、撰稿、公关工作；协助创办

《北京青年报·公益周刊》；联合策划、主持北京人民广播电台《老年之友》栏目、新疆广播电台《缤纷晚霞》栏目；将公益项目推广至全国十省十七市；先后合作完成多个社会建设资金支持项目。2013年撰写出版《老年心理解码》（中国轻工业出版社），2015年作为北京市妇女联合会小组成员撰写论文《高龄女性养老模式研究》。

15.**刘淞**，北京市昌平区阳光社区矫正服务中心中级社工。

刘淞始终牢记司法矫正社工身份，以教育人、改造人、帮助人为己任，视社区服刑人员、刑满释放人员为朋友，忠于职守、乐于助人。他率先在全区成立“特殊人群回归感恩社”，让那些回归后的特殊人群自愿加入其中，助人自助、感恩社会。经过他们帮助的特殊人群78人中，加入回归感恩社的就有63人，无一人重新犯罪，收到良好的法律效果和社会效果。他组织开展未成年社区服刑人员心理健康援助项目，成立“昌平区司法局司法矫正社工督导小组”，定期为40名司法矫正社工提供督导培训、拓展训练等服务。

参加矫正帮教工作9年来，他创新推行的“严格管理与心理疏导并行法”“困难互助法”“矫人先正心”等多项矫正帮教工作方法，收到良好的矫正帮教效果和社会效果。先后多次被评为昌平区司法局优秀社工、矫正帮教先进个人等荣誉。

16.**刘欣**，石景山区鲁谷社区重兴园居委会党委书记、居委会主任兼服务站站长。

自参加社区工作以来，她始终把服务居民工作作为首要任务，在工作中能够做到吃苦在前，享受在后，踏实肯干，时刻以党员标准严格要求自己，带领团队积极创新，整合社区资源，不断丰富社区党建活动和社区居民活动，将社区服务工作提升到了一个新的台阶。她用自己的热情努力为社区和谐稳定奉献力量。

工作中，她用心帮扶，情暖民心，尽力帮助重点人群，并开展一系列的社区公益活动，解决他们的实际困难。

工作中，她将发展社区文化、丰富居民文化生活作为一项重要工作来抓，在原有为数不多的几支文体队伍基础上增设了五支文体队伍，丰富了社区活动，增加社区居民的归属感。

工作中，她维护居民利益，为民办好事办实事，成立“热心人联席会”，解决了社区楼房维修、增加路灯等问题。

17.**刘跃新**，北京市西城区人民调解员协会会长、西城人民调解委员会的调解员。

主要事迹有：

一是法制宣传工作：主讲“和谐家庭之道”系列普法讲座260余场次。

二是业务培训工作：主讲“人民调解的方式、方法与技巧”系列培训70余场次。

三是参与媒体法制类节目：参加央视的“法律讲堂”和“我是大律师”栏目；北京电视台的“第三调解室”“生活广角”“现场说法”“大家帮助大家”等栏目录制400余场次。

四是参加人民陪审工作：共参加各类案件的审理及诉讼调解案件累计1017件。

五是理论研究与著作：发表多篇调研；在《人民调解实用技巧》一书中任副主编；另著有多部丛书。

刘跃新曾多次获得先进个人奖，还荣获过“北京市西城区优秀法制宣传志愿者”“十大感动西法人物”“志愿者之星”、人民陪审员调解能手奖、“和谐之星”“首都市民学习之星”“百名英才”突出贡献人才奖等。

18.**任高旗**，房山区良乡镇南刘庄村村主任助理、房山区羿行残疾人服务协会会长、良乡镇温馨家园法人。

他扎根基层，为民服务。任高旗学习农业知识，更快地了解农村发展需求及村民生活诉求。假期时他为村里孩子免费开设短期跆拳道培训班。还与村里的大爷大妈打成一片，帮助村里的秧歌队排舞。

他大爱助残，真情付出。坐落在南刘庄村的温馨家园集中着良乡镇45名智力残疾人，任高旗在工作之余，带领他们做康复训练，使他们在身体素质和精神状态上都有很大改观。

他组建团队，走向专业，做好志愿者。2013年5月，任高旗成立了自己的志愿者队伍——“大爱行者爱心服务队”。2014年5月，大爱行者爱心服务队组织策划了良乡镇助残日活动，团队建立了房山区第一支“残疾人搏击表演队”。

2015年3月荣获“北京市优秀团员”，2015年6月荣获“房山区优秀志愿者”，2016年10月当选第十一届青联委员。

19.**史英**，北京通州春晓心理社会工作事务所所长。

自2013年以来，史英多次承接了北京市特殊儿童艺术治疗与康复训练项目；组织通州区妇联宋庄镇婚姻家庭建设服务项目；以“心美通州”心理健康节为基础，史英为社区老年人、中青年人、青少年开展各种团体活动和个体咨询，为通州区中仓、北苑等街道社区、通州区文明办等单位开展心理讲座，在潞城镇BCD区棚户改造心理服务项目中充分发挥心理服务的作用；为玉桥街道温馨家园提供了为期半年的“残疾人社会适应性项目”。在北京市民政局“三社联动”项目中积极探索养老助老服务模式。在史英的带领下，春晓事务所不但承接了通州区的大量社会心理服务，同时承接了四项北京市社会建设专项资金项目，并进行京津冀困境儿童帮扶活动。同时，春晓事务所还承接了北京市海淀区分类人群的大型调研工作。此外，春晓事务所在朝阳区也参与了大量社区心理服务工作。

20.**宋莉筠**，北京市东城区天坛街道金鱼池中区社区党委书记、居委会主任。

金鱼池中区6号楼是建于20世纪70年代的老旧楼房，没有天然气管道，楼内居民生活多有不便，尤其是老年人扛煤气罐上楼更为困难。宋莉筠看在眼里，记在心里，他多次登门与煤气公司联系，反映实际问题和居民的需求，经过长达两年、数十次的不懈努力与坚持，燃气公司终于在2007年对6号楼进行了天然气管道改造工程，彻底解决了困扰居民们多年的老大难问题。

弱势群体的帮扶工作，始终受到资金的困扰。2007年，在宋莉筠和社区领导班子成员的共同努力下，社区创建了“小妞子”党员帮扶基金，号召每位党员每月捐助一块钱，用于对生活特别困难、身患重病的党员进行帮扶。自成立至今，“小妞子”党员帮扶基金累计获捐16000余元，先后帮扶重病党员6名。

几年来，她先后荣获了北京市社会领域优秀党务工作者、市级先进社区主任、市级消防工作先进个人等10多项荣誉。

21.**佟广华**，门头沟区龙门新区三区党支部书记、居委会主任。

在社区建设中，结合“两学一做”，她带领辖区党员积极开展“共产党员先锋行”主题实践活动，通过落实党员积分管理、党员设岗定责等制度，引导党员立足本职发挥作用。依据党员分布情况，她安排划定党员责任区，责任区划分若干党员联系户小组，由党支部成员担任责任区负责人，形成“党支部—责任区—联户小组”的管理服务模式。

她不断地开拓进取，创新党建工作模式，创建“1568服务在行动”党建品牌，为群众做好事、办实事，解决居民实际困难。她牵头从社区环境这个居民最关心的问题着手，下大力气优化居民生活环境。

她带领班子成员开展“走动式”工作法，每天走访了解社区居民需求，深入掌握社区情况。通过组建党员志愿服务队伍和党员文化宣传队伍，进一步丰富群众精神文化生活。

她先后三次获区级突出贡献奖，两次被评为区级“优秀共产党员”。

22.**王长友**，牛街街道西里二区社区党委书记。

在整体工作较弱的社区，他结合实际提出创建“和谐温馨社区”的工作主线。将“唱响和谐社区”“唱出和谐新社区”“和谐之花开万家 温馨之情暖人心”作为每年的一个主题活动。工作中，他把构建和谐温馨社区与开展活动相结合，与社区服务相结合，与为群众办实事相结合，实现了和谐温馨社区建设的目标。

牛街西里二区是个少数民族聚居的社区，王长友在工作中，带领社区两委班子成员和社区服务站工作人员，紧紧围绕“民族团结进步”这一工作主线，认真宣传贯彻党的民族宗教政策。他常说，思想政治工作不仅是说教，它是一种潜移默化的长期的工作。社区每年都要举办民族政策、民族知识宣讲会，社区各界人士座谈会，邀请阿訇讲牛街回族的起源及伊斯兰教何时传入中国等历史，举办阿文书法巡展，大力宣传“三个离不开”的思想，使生活居住在社区的各族群众相互尊重和谐相处。

23.王淑秀，大兴区观音寺街道新居里社区党支部书记、居委会主任。

她担任新居里社区居委会主任以来，勇于探索，依托本社区特色，推行“1+2+N”创新型居民自治管理体制，“双管交叉社区党建管理”、志愿服务模式、“服务VS服务”公益积分奖励等多种管理模式。通过制度保障了社区居民的自身权益，吸引了更多居民加入社区自治服务中。随着服务的开展，社区居民的志愿服务积极性明显提高，社区内形成了良好的公益服务意识，小区内小广告泛滥、楼道堆积杂物等不良现象得到有效的遏制，赢得了广大社区居民的认可与称赞。

王淑秀同志作为社区党支部书记，始终把学习作为一种责任。她坚持带领社区工作人员、社区党员定期学习党的路线、方针、政策，学习习近平总书记系列重要讲话精神，开展“两学一做”系列学习活动。通过多种形式的学习教育活动，提升党员干部的党性修养，增强为民服务意识。

24.王佼，朝阳区大屯街道亚运新新家园社区党委书记、居委会主任。

2014年辖区紫薇天悦小区“群租房”带来的环境、安全问题日益凸显，她带领社区工作人员放弃休息时间，历时4个月最终将154套群租房全部治理。王佼在工作中注意发挥领导骨干的带头作用，结合社区特点实行分类治理。2015年王佼通过努力，成为一名北京城市学院社会工作专业的在职研究生。与此同时，她在日常工作中坚持运用专业方法打造学习型班子、学习型团队，使社区全体社工思想上合心、工作上合力、行动上合拍。她坚持“敬业与奉献贵在持之以恒”的社会工作信念。三年来，她带领班子先后解决了所辖4.71平方公里办实事项目130余件，8个小区居民满意率持续上升，来自居民的肯定更加坚定了她扎根社区的决心。

2004—2016年王恔多次获得先进工作者、标兵称号，2007年获北京市“迎讲树”首都文明职工，2008年获奥运会、残奥会保障突出贡献银奖，2015年获北京市优秀居委会主任。

25.**武燕燕**，北京市通州区台湖镇次渠北里社区青年汇专职社工。

在工作中，武燕燕始终坚持社会工作职业价值理念，熟练运用社会工作的专业工作方法帮助社区服务对象，实现助人自助；积极组织各种社区活动，丰富社区居民的业余文化生活。现在他们的品牌活动已经形成了一定规模，有稳定的青年会员长期参与，受到了社区青少年的认可。

在工作中，她怀着强烈的社会责任感，积极参与各项社会活动，组织成立志愿服务队伍，为社区的老年人、残疾人等弱势群体提供帮助，促进了社区志愿服务工作的发展。

在工作中，她积极宣传社会工作的相关价值理念，业余时间帮助非社工专业的同事进行社会工作理论与实务的学习，加深了大家对社会工作专业的认识，对推动社会工作者专业水平的提高起到了积极的作用。

26.**熊德杰**，北京通州德仁社区心理服务中心主任。

熊德杰为通州区社工、网格员近700人进行培训，普及心理学知识。为提升社区居民幸福指数，与街道和居委会人员共同深入社区参与工作，了解居民结构和需求。为实现心理服务本土化，在社区建立4个心理服务站，设立6个心理服务点。

熊德杰积极推广心理学在社区和家庭中的应用，为儿童青少年及家庭开展近百场公益活动，受益近500人；参与通州区妇联家庭建设项目，暑期为公职人员孩子开办日托班，并担任日托班心理辅导老师；帮助问题孩子做行为矫治，重返校园；走进留守儿童学校，帮助孩子树立健全人格；走进通州区福利院，帮助困境孩子客观看待自己和家庭，勇敢面对生活；督导社区心理服务站工作，为社工进行心理疏导和培训，为居民开展心理健康知识普及和提供心理服务支持；在潞城镇棚户区改造中为群众和工作人员开展专业心理服务，协助调解、处理突发事件，化解矛盾。

27.**杨春茹**，东城区交道口街道交东社区党委书记兼居委会主任。

杨春茹每日做的事看似很小，但事事关乎社区的和谐稳定，关乎百姓的生活。短短的一条“春茹小路”，安全了居民出行，方便的是百姓生活；“法定周五”让交东环境更美丽，让居民体会到社区建设有我的辛劳付出，社区治理更加有序；“危机介入，彩虹调解”抚慰的是心灵，构建的是和谐，拉近了党与群众的联系；“文化惠民，公众参与”提升的是居民文化素质，体现的是社会文明与进步；“五个不让，六个凡事”规范的是工作流程，提高的是服务质量，打造出了一支攻坚克难、永争第一的交东社工团队，她则是这个团队的灵魂。

她先后获得街区“优秀共产党员”“先进社区工作者”“优秀社区居委会主任”“首都社区志愿服务工作者之星”“北京市第十二届优秀思想政治工作者”等多项荣誉。

28.**杨典**，北京春苗儿童救助基金会的医务社工。

“让花儿永不凋谢”是她的座右铭。2013年3月至2016年6月底，杨典直接为203个病患儿童及家庭提供社工服务。经过3年的磨炼和成长，她在专业服务方面有很大的进步，在为人处世方面慢慢成熟，在职业素养方面也有很大的提升。

杨典的服务对象一般都是病情复杂、手术费用缺口特别大、面临手术风险和经济压力大、家庭关系紧张、负面情绪显著等的情况。她作为社工运用理性情绪疗法帮助处理非理性情绪，协助认识疾病常识、掌握自我减压等技巧，有效解决了家庭存在的问题，促进患儿的积极治疗。每一个个案背后都有非常多的问题及需求，遇到的问题有简单也有复杂，对她来说都是挑战，一边在一线工作中累积经验，还要不断学习理论知识及先进经验，能够更专业地服务有需要的人。

29.**杨倩**，东城区建国门街道社区社会组织联合会副会长、秘书长。

2014年8月，她从外交部街社区调入建国门街道社组联筹备组，全面推动社组联平台建设。

社组联成立后一年多的时间里，杨倩和她伙伴们先后承接了1个市级、4个区级政府购买服务项目，其中育苗工程荣获市级优秀项目。通过项目化运作，社组联对建国门地区社区社会组织进行了专业培训，鼓励社区社会组织参与社区需求立项。其中，“最美家音”项目成功将文体活动类组织进行多元化发展，已经成为社区公益型组织。她和伙伴们还创建了建国门街道社区社会组织档案库、人才库、需求库、社会组织资源库，为建国门街道社区社会组织工作打下了坚实的信息基础。她和她伙伴们创办的“社·居·社微客草堂”微信平台也深受喜爱，粉丝已经达到3000余人。2015年12月，社组联承接了建国门街道社区社会组织孵化基地的运营工作，为本地社区社会组织搭建起新的发展平台。

30.张杰，平谷区滨河街道北小区居委会宣传委员。

2012年3月，她担任北小区居委会宣传委员。出入楼宇间检查卫生、治安巡逻、入户走访、了解居民情况成了她每天的必修课。为了保证辖区各类活动的有序开展，她周密策划，精心组织，活动后还要自己完成信息撰写及报送，常常工作到深夜。

她和群众打成一片，从日常小事中挖掘闪光点，精心搜集整理资料，先后完成了滨河街道《咱社区里的文明人》《咱们社区里的那些年》等多本社区书籍的采编制作工作，为街道的宣传工作提供了有力武器。

她策划执行北小区社区“念亲恩，感亲意，抒亲情”百户家庭幸福展，自学微视频拍摄剪辑技术，用愚公移山的工作精神硬是制作出了被老人们交口称赞的短片。

她工作努力，勤奋好学。在工作中不断汲取新知识，掌握新技术，每年撰写新闻稿件数百条，被北京电视台等新闻媒体采登，有力地宣传了滨河街道。

2012年，张杰被评为“平谷区优秀大学生村官”。

31.**张连花**，龙潭湖街道向日葵工作站的社工。自向日葵工作站成为东城区禁毒办与天康戒毒康复所开展社区戒毒、强制隔离戒毒、社区康复一体化机制的试点单位以来，张连花坚持做好以下工作。

一是强化宣传教育。五年以来，开展了禁毒工作进校园、进楼宇、进社区等活动50余次，面向各类人群开展宣传教育。今年的“6・26国际禁毒日”，张连花开展宣传活动，向社区居民讲解并发放戒毒宣传品。此外，还组织街道6个社区、40余名居民参与禁毒日的宣传文艺演出。

二是深入沟通交流。坚持对社区戒毒人员、社区康复人员每周1次电话访问，每月1次家访，记录、存档、分析谈话内容，为开展工作提供依据。

三是强化帮教服务。联合戒毒康复所，组成帮教小组，针对地区戒毒人员开展帮教服务，以思想帮教、经济帮扶、兴趣帮培、就业帮找的“四帮”服务，在实际工作中通过人性化帮教服务帮助吸毒者戒断毒瘾。

32.**张鑫**，房山区城关街道南沿里社区党支部书记、居委会主任。

他在工作中不断学习，努力提高综合素质。自学通过了助理社工师考试，弥补了理论短板；积极向社区干部学经验，观察他们的工作方式，学习他处理民事纠纷的技巧。深入居民中间，及时地了解民情民意。

他对业务精益求精，从不计个人得失，坚持一切以工作为中心，为了及时完成社区安排的工作经常加班加点。

他敢于探索创新，开拓了崭新的工作局面。社区敬老工作中，在城关地区首创了“七彩夕阳”项目，为老人们开设深受喜爱的大课堂活动；青少年教育工作中，开展了暑期青少年跳蚤市场活动。此外，在社区工作人员中开展了“五比五看”活动，即比作风、比理想、比学习、比形象、比业绩。为社区工作创造了一个“比学赶帮超”的良好竞争环境。

张鑫先后当选“房山区十佳社工”“房山区先进社区工作者”“城关街道先进工作者”荣誉称号。

33.**张学燕**，西城区陶然亭街道龙泉社区党委书记兼居委会主任。

她启动了便民服务圈，为老服务站点、“一对一”志愿帮扶、公益服务日等多个项目。组建党建文化宣传队伍，创办社区党建专刊。开办理论大讲堂、公益大课堂，带头为党员讲党课。注重倾听民需，依托社区“互助共建联合会”解决了环境美化、组织培育、老年送餐等需求难题。

她听建议、多疏导、勤沟通、纳贤策，完成了老旧小区组建楼宇汇、代征地改建花园、脏乱院落环境整治项目，成为北京市参与型协商民主社会管理创新试点。

她注重统筹协调，与北京市15中学等14家单位党组织签订共建协议，青少年教育、文体活动、社区安全等共建活动成为社区建设与发展的助推器。

2011年以来，她先后被评为北京市先进社区居委会主任和首都环境建设先进个人，2015年被评为北京市先进社区居委会主任。

34.**张艳红**，大兴区博兴街道赢海庄园社区党支部书记、居委会主任。

她争做居民的贴心人。小区居民家中跑水，她火速赶到，联系派出所、物业、开锁公司、住户，并协助处理后续问题。

她认真了解居民需求并协调解决居民问题。残疾人需要帮扶，她没有简单地把工作做成发钱发东西，而是深入了解想法后为其找到一份力所能及的工作，自食其力。她还积极为社区内的贫困家庭和弱势群体申请各种补助，帮助他们渡过难关。工作中，张艳红认真学习法律法规化解居民间的矛盾。她和社区楼门组长几年来解决了邻里间上百起纠纷。同时在社区广泛开展守法教育、清正廉洁教育，严格要求社区党支部和居委会成员。

2013年，张艳红获得“北京市社会领域优秀共产党员”称号，2014年荣获“北京市三八红旗手”荣誉称号。

35.**张翟红**，门头沟区大峪街道滨河西区社区党支部书记、居委会主任。

推动创建促发展，打造软硬兼备精品社区。她十分注重社区创建工作，多年来创建示范区约20个，极大地提升了社区软硬实力，将社区打造成为一个精品社区。

优化社区管理，提升社工素质。在社区管理中，她积极探索，建立了“三三制”“五不准”“十个点”等服务标准，制定了社工计分考核制度和星级社工评选制度，极大地提升了社区工作人员的业务能力及服务素质。

为民办事出实效，“协商议事”解难题。在为民办事方面，开展“社区自治+社区多元共治”的治理模式，提高了居民自治能力和幸福指数，为和谐社区的发展奠定了坚实的基础。2016年，“协商议事模式”全面提升了社区办实事的能力，解决了一大批群众关心的问题。

36.**赵雷**，东城区龙潭街道光明社区居委会副主任。

2016年8月15日上午，赵雷和同事去光明19号楼与居民沟通有关违法建设拆除有关政策和事宜，居民杨某情绪激动并持刀袭击二人。赵雷担心杨某伤及同事和居民，挺身而出，肩部、肘部、前臂及手部开放性损伤，左臂尺骨鹰嘴骨骨折，左侧肘部内侧副韧带损伤，肱三头肌断裂，手指神经断裂。

赵雷同志的事迹报道后，引起了市区领导的高度重视，得到市区领导的充分肯定，并多次到医院看望。8月22日市委书记蔡奇批示："赵雷同志不愧为最美社工。"

37.**郑平林**，北京市医疗纠纷人民调解委员会调解三组的组长。

钻研业务的"有心人"。郑平林积极钻研各科医学专业知识，破解医疗纠纷调解过程中遇到的难点问题，及时更新调解相关的法律知识，练就娴熟运用法言法语解答患者疑问的本领。

迎难而上的"实心人"。有位59岁的女患者，因"双膝疼痛进行性加重8年"到某三级医院做关节置换手术，术后5日，患者突然意识丧失，最终抢救无效死亡。该患者长子召集数百人到医院闹事。郑平林临危受命，配合警方控制现场局面，将纠纷引入调解渠道。

真情服务的"用心人"。有位50多岁的男患者，因颈椎病到某三级医院手术治疗，术后患者突发窒息，经抢救无效死亡。她与患者家属到医调委沟通解决，逐步消除患方疑虑，并为患者妻子做心理疏导，最终双方达成了调解协议。

郑平林至今已调解医疗纠纷990件，紧急到现场成功处理医疗纠纷、防止群体性事件达39次，连续5年被评为优秀人民调解员、先进个人。

38.**钟抒樵**，昌平区回龙观镇云趣园社区居委会副主任。

云趣园社区是一个超过1万人口的大社区，社区内老年人比例偏高，青少年工作又与各个家庭密切相关。

为了让老年人老有所为、老有所乐、老有所学，她发起组织老年合唱团、舞蹈队、太极拳队、乒乓球队。她帮助年迈老人申请法律援助，解决房产纠纷矛盾。她发挥自己的专业特长开设社区老年英语课堂。她充分利用社会资源开设社区大讲堂，为社区居民提供插花、面点制作、烹调技艺、卫生健康、法律知识等实用课程。

为了丰富社区内青少年的假期生活，每逢寒暑假她都向青少年讲解社区情况，她带领同学们参观社区党支部、居委会、物业管理处，认识社区内的植物、宣传环保知识，使青少年了解社区，增强爱护环境爱护家园的意识。她还在社区青少年中组织开展了“书香云趣”主题活动，在社区图书室为青少年设立读书专区，通过图书为青少年开启丰富的体验。

39.**周健**，北京市丰台区长辛店街道朱家坟南区社区党委书记。

针对老旧小区实际情况，她走访各方群众，开展调研，成立了社区顾问团、社区自治协管会，发动社区居民参与社区管理；争取政府支持，先后引进了旱厕改造、楼门扶手改造、校园周边道路改造、监控系统安装、开办老年饭桌等惠民项目；协调产权单位投资2700万元改善小区环境，使小区旧貌换新颜；投入30万元增加监控系统和购置巡逻车等技防措施，实现社区技防全覆盖，提升了居民安全满意度。

她情系居民。2012年面对突如其来的“7·21”特大暴雨，她身先士卒，不顾个人安危，带领22团5连战士蹚过齐腰深的水来到社区抢险救灾，打赢了抗洪救灾的一场硬仗。

针对社区高龄空巢、独居老人多的特点，2009年她发起成立了由社区低龄退休党员组成的志愿服务队——朱南社区助老服务队，已成为社区党建品牌项目。

2014年她先后创建365平安驿站、楼门文化，推进了社区社会治理创新，使居民得到了更多实惠。

40.**周玉平**，密云区果园街道瑞和园社区党支部书记、居委会主任、服务站站长。

周玉平认真履行社区党支部书记第一责任人职责，结合社区实际，明确社区党支部和居委会的工作思路，确定全年重点工作，形成党支部统一领导，两委交叉任职，支部书记负全责的工作风格。她提出了“强基固本”“先锋引领”“凝心聚力”“载体创新”四项工作措施，有效提升了社区工作水平。

她积极吸收辖区单位的党员为社区党组织的席位制委员，并与这些单位开展共建活动，使他们在和谐社区建设中建言献策，发挥了积极的作用。

她带头建立了和谐e族工作室和“老田说理工作室”，有效地将矛盾化解在基层；她根据社区老人多的现状，积极探索楼门互助养老服务模式。她用心服务办实事，尽力改善社区的办公条件。在社区显著位置建设文化长廊，申领安装群众健身器材等。

周玉平多次获得密云县（区）“优秀党务工作者”荣誉。

第六届首都最美社工及优秀社工

第六届“寻找首都最美社工活动”于2018年评选表彰，共评出10名首都最美社工、40名优秀社工。

一、首都最美社工（10名）

（一）最美“敲家门”社区主任郑树丽

朝阳区垡头街道双合家园社区　郑树丽

郑树丽常说：“要想别人真诚待你，你就应当首先主动真诚地去对待别人，要想居民认可你，你就要实实在在为居民解决难题。”在13年的社区工作中，她始终坚守“建班子、带好队，谋发展、履好职，求创新、服好务”的工作理念，以高度的责任感，践行新时代赋予社会工作者的新使命。

郑树丽同志始终没有忘记做终身学习的“守望者”，做博学勤学的“拓荒者”。她利用工作之余挤出点滴的时间，考取了社工师资格证书；她利用到北京大学进修的难得机会，撰写的《城乡接合部社区服务问题及对策研究》被评为了北京大学研修班优秀论文；她利用社区工作经验，撰写的《党支部建在社区队伍上发挥作用》党建课题报告，被列为全区33个研究课题之一。作为人大代表，她提出的意见建议，为破解社区治理难题提供了解决方案和办法。

为做好便民服务，她在小区发起了“敲家门”行动，完善了社区内空巢老人、失独老人、残疾人等11类人员台账。通过“敲家门”行动，组建了300余人的志愿者队伍，并将“农社对接”菜车、“大型超市的购物班车”引进小区，解决了居民反映最大的“菜篮子”“米袋子”问题；她又筹措10万元资金，在辖区花瓣广场安装了休闲座椅、晾衣竿、健身器材、石桌石椅，方便社区居民休憩。在政府推进老旧小区、商品房小区、保障房小区治理探索创新等工作中，她运用项目化运作方式，圆满完成了保障房小区社会治理和服务创新实验任务，收到了良好效果。

（二）最美“跨界社工”陈立元

北京社会工作者协会　陈立元

陈立元，2013年从一名医生跨界成为一名社工。在从业的6年时间里，她秉承社会工作价值理念，注重党建引领，将服务下沉到社区，策划组织开展了“不忘初心，牢记使命，凝心聚力跟党走”“社工助力社区党建工作研讨会”等活动，激发党员服务群众的工作热情。

她注重社会工作专业化提升和本土化发展，组织开展了“社工实务演绎大赛”，京、沪、粤、港、青、蒙6地500余名社工人齐聚一堂，进行社会工作经验展示交流，北京代表团取得很好成绩，彰显了北京社工形象。通过六地交流展示，取长补短，进一步为社工事业塑造品牌形象、创新发展注入新的活力，产生巨大影响，对推动北京本土社会工作发展具有深远意义。

她注重社工人才队伍建设方面的研究，参与撰写《社会工作督导人才培养体系建构研究》课题报告，对北京社工督导人才培养、使用、评价激励工作，以及完善社工督导人才管理体制机制等方面都有很大的推动作用。

工作中，她注重宣传社会工作，参与组建“百名青年社工讲师团”，开展“优秀社工走进高校讲堂”活动，在北京大学、天津南开大学和石家庄大学等京津冀20余所高校进行社工实务分享，完成30多场优秀社工走进高校讲堂活动，直接受益学生达2000余人。开展“五航”社工人才培养计划，即对机构负责人进行“领航”培训，对机构总干事进行“远航”培训，对新建立社工督导的种子团队进行“导航”培训，对新入职的社工进行“启航”培训，对跨界社工人才进行“引航”培训。项目直接受益机构300余家，直接受益4000余人次。通过培训很好提升了社工机构的专业服务能力和服务品质。

（三）最美社会组织社工马现爱

通州区社会组织联合会　马现爱

多年来，马现爱作为通州区社会组织联合会会长参与指导、创办了行动社会工作事务所、北京市众合社会工作事务所、通州区爱帮社会工作事务所等多个专业社会工作服务机构，指导建立了通州区社会创新发展园，全方位打造新型社会组织孵化基地，搭建起社会服务资源共享平台，促进了社会组织的发展壮大。通过实际行动促进社区居民、流动人口群体公平参与社区建设，促进和谐社会发展，并预防和解决社会问题，维护社会稳定，促进社会公平正义。坚持“助人自助，行动改变生存”的机构理念，积极响应社区流动人口及社区发展的需要，有效运用社会资源，开发社工服务项目，提供优质、专业的社会服务，以提升社区流动人口的生活品质，促进社区参与社会关怀和社区融合。

北京市众合社会工作事务所成立之后，积极向社区工作者普及社会工作专业知识及专业方法，传递正能量，以实际行动推动着我国社会工作的专业化和职业化发展。他积极推动《邻里情——太平桥街道楼门文化建设项目》《七彩太平桥——青少年防性侵项目》《梨花新型e站——大兴区庞各庄镇三社联动服务项目》等三社联动项目和《北京市社会救助类信访事件核查服务项目》等福彩金项目落地实施，项目累计提供服务达5000余人次，获得服务对象的广泛好评。马现爱还积极参与京冀蒙地区精准扶贫工作，在加强人才交流、广泛动员社会力量参与帮扶等方面探索实施对口帮扶合作模式，并在河北省邢台市巨鹿县和内蒙古科右中旗、奈曼旗、翁牛特旗等地开展了各类社会组织能力提升活动，协助当地培育志愿组织，得到了当地政府和群众的赞誉。

（四）最美社区居民贴心人马英

丰台区马家堡街道西里第二社区　马　英

马英，北京市丰台区马家堡街道西里第二社区党委书记、居委会主任。她大力开展扶危助困、书香社区文化建设，发挥党的凝聚引领作用，促进了邻里的和谐关系，积极建设美好社区环境，受到群众的广泛支持和一致好评。

在社区工作中，马英始终坚持新时代群众路线，她扎根社区，刻苦钻研业务技能，运用社工专业方法开展服务，通过暖心服务、真心服务，让广大居民感受到党和政府的温暖。针对社区困难群众多的现实情况，马英积极开展扶危助困活动，为残疾人进行心理辅导，给他们更多的生活自信和阳光心态；和老年人交朋友，把他们的困难记在心里，给予生活上的帮助；社区开设温馨家园，把困难居民聚在一起，给予家庭般的温暖。针对邻里问题、家庭矛盾比较突出的状况，马英倡议开展了一系列的文化创建活动，探索家庭教育、邻里互助、社区公益的服务模式，引导居民参与幸福之家建设，推动了和谐社区建设。她积极联系师资场地，成立了书画社、京剧社、评剧社、合唱班、舞蹈队等，极大地丰富了居民群众的文化生活，成为名副其实的书香社区。在邻里沟通的基础上开展以家庭教育、邻里互助、社区公益的服务模式，引导居民参与幸福之家建设。同时注重发挥“居民领袖”的作用，以文化社团为载体，培养具有一定影响力的社团负责人，加强对居民的引导，协助社区的工作。

针对小区拆迁中人员混杂、环境差、安全隐患多、居民矛盾大等问题，她带领社区党委一班人带头拆除违建、倡导居民参加“建设美好家园，助力首都发展”系列活动，有效改善了社区居住环境。

（五）最美创建优秀社区带头人孟俊霞

石景山区苹果园街道苹四区社区　孟俊霞

孟俊霞，石景山区苹果园街道苹果园四区社区党委书记、居民委员会主任、社区服务站站长。她将一个曾被居民嫌弃的廉租房、商品房、首钢家属房混合型的老旧小区，治理成一个居民认可度高、参与度强，安全文明、环境优美的智慧化生活社区。带领社区荣获北京市先进社区居委会、北京市社会领域先进基层党组织、石景山区先进党组织、石景山区先进居委会。她本人也多次荣获北京市先进居委会主任、石景山区优秀共产党员、石景山区先进居委会主任等荣誉。

工作中，她探索创新工作方法，有效提升社区服务水平。她推出“苹四微家园”微信公众号，为广大党员、群众搭建起学习交流服务展示的平台；她建立社区民主自治机制，完善“老街坊议事会”制度，扩大了社区居民参与社区建设的渠道，增强了居民的主人翁意识。作为党委书记，她带领党委一班人走遍社区物业、幼儿园、卫生服务中心、餐馆、地铁商业圈、商务楼宇，送计生服务上门、送社区文体服务上门、送节日慰问上门。她把“老街坊议事会”凝聚在党的旗帜下，依托社区议事厅，设置了“社区民主议事日”，由社区党委、居委会组织、人大代表、居民代表、业委会、社区物业以及辖区单位等共同面对面讨论社区建设之事，集中解决居民在生活中遇到的难题。作为社区党委带头人，她坚持把创建社区党建服务品牌一抓到底，经过多年努力，社区医疗卫生服务、社区文化服务、社区帮困助学服务体系基本完备。“乐龄服务中心”“医疗服务中心”“社区文化服务中心”“帮困助学服务”“心连心志愿者服务队”等服务项目在社区落地，实现了社区党建五大服务项目全面落实。

（六）最美创造佳绩社区带头人商雪梅

门头沟区大峪街道永新社区　商雪梅

商雪梅，门头沟区大峪街道永新社区党委书记兼居委会主任。她带领社区先后荣获“全国家庭式教育先进社区”“首都文明社区”“北京市爱国卫生先进社区”“北京市敬老先进社区”“北京市人口和计划生育示范社区”“北京市先进居委会”“北京市特色精品社区”“北京市优秀科普社区”及“门头沟区文明示范社区”“学习型社区”“精品社区”“和谐社区”等40多项荣誉称号。社区取得荣誉的同时本人也有收获；当选第十二届北京市人大代表，2015年荣获北京市先进居委会主任，2010年至2012年被门头沟区评为优秀共产党员，连续多年被大峪街道工委组织部评选为优秀党组织书记、街道最美女性等荣誉称号等。

永新社区建于1993年，是一个没有物业的老旧小区。社区居住的多是退休在家的老人还有儿童。面对这些特殊群体，商雪梅不断探索，提出了送健康长寿，送服务上门，送快乐生活，送温暖到家，送文明理念，送绿色行动的“六送”工作法，使小区居民足不出户就可以享受到上门的温馨服务。她倡导开展“用平凡事，育身边人”活动，社区先进典型现身说法，在整个社区营造了争先创优的良好氛围。她加强对社区党员的管理，开发社区党员“奉献积分制”考评管理系统，提高了社区党员积极工作的主动性。为治理社区乱贴小广告的状况，她建立网格小广告志愿清理队伍，有效解决了肆意张贴广告的问题。此外，商雪梅还多方联系，建立便民工具屋，成立便民服务队、便民理发队，为社区老年人提供专业化服务。她还组织成立了“育苗乐园”、“众智源”协商社和老年协会、计生协会、台球协会等社会组织，丰富社区文化生活，构建了社区和谐的浓厚氛围。

（七）最美“西城大妈”代表谭道亮

西城区西长安街街道西交民巷社区　谭道亮

谭道亮，2000年1月参加社区工作，从普通社工做起，历任西交民巷社区居委会副主任、西交民巷社区服务站站长、西交民巷社区居委会主任、西交民巷社区党委书记。谭道亮在背街小巷环境整治、提升城市精细化管理水平、“进千门走万户”等新时代社区各项工作中，积极践行“红墙意识”，以服务百姓、建设社区为己任，勇于担当、敢于创新，带领党员群众共建和谐美丽家园，在平凡的工作岗位上做出了突出业绩，多次被评为市、区先进居委会主任，被媒体誉为“最美西城大妈”，2017年作为一线职工代表参加北京市第十二次党代会为北京市的发展建言献策。

开展党员“亮身份”结对帮扶活动，发动组织党员与困难群众结对帮扶，号召党员“学习一技、奉献一艺”为社区居民提供力所能及的服务。在推动社区建设过程中，谭道亮始终坚持党建引领，充分发挥社区党委核心领导作用，探索创新了“3+1”工作模式，组织驻区单位和社区党员，共同参与维稳和社区建设任务，取得了良好效果。他积极培育社区社会组织，组织成立了“亮起来”服务队、党员服务队、为老巡视员等多支志愿服务队伍，为社区居民开展免费安装照明灯、改造电线、防汛排查、看病取药、购物送物等志愿服务。针对平房院落多的实际，他创建了社区微网格化管理新模式，运用大数据技术构建了“安全社区三维精模管理系统”，有效提高了社区治理水平。此外，他还开展了“家风家规家训”征集、国学文化研讨等活动，丰富了居民业余文化生活，推动了文化社区建设。

（八）最美医务社工队负责人张璠

北京清华长庚医院社会工作部　张　璠

张璠从中国科学院心理研究所硕士毕业后就参与到医务社会工作一线实践，在医院志愿服务督导、社区健康促进、病友小组构建、社服基金搭建与临床个案介入等实务工作领域积累了丰富的工作经验。

2015年起，她充分调动医疗资源，走进社区开展健康促进活动累计达四百余场，连续四年组织“永庆杯路跑”大型健康公益活动，倡导积极健康的生活方式。积极整合社会资源，推动建立了清华长庚社会服务基金，将募集到的百余万元善款用于清贫患者的慈善医疗救助。她参与介入经济困难、交通肇事、三无病患等个案40余例，运用专业社会工作方法对患者进行情绪疏导，取得了良好成效。2016年，她所督导的清华长庚志愿服务工作队获评“首都志愿服务示范站”，并连续三年获得北京市小微项目支持。402名社会志愿者定期来院上岗服务，服务时间涵盖门诊所有开诊时间，服务内容在日常导医导诊基础上发展出结合节庆日（小年、圣诞节、母亲节、医师节、志愿者日等）为主题的专长志愿服务，为促进和谐医患关系建设发挥了重要作用。“书香满院”图书手推车进病房服务每周两次深入临床，为住院患者提供图书借阅服务，受到住院患者的一致好评。清华长庚志工队获评北京市医管局党建工作示范点。2017年起，通过策划志愿服务提升营、骨干访学营、志愿共识营等活动，她不断推动志愿服务全面化、专业化，让医疗服务更加温暖。2018年，她组织志愿者团队骨干一行赴上海学习考察，与同济医务工作者、志愿者共同探讨志愿服务发展的“清华长庚模式”。

（九）最美“90后”社工张佳鑫

北京市夕阳再晨社会工作服务中心　张佳鑫

1990年出生的张佳鑫是夕阳再晨社会工作服务中心主任，北京邮电大学信息与通信工程学院青年教师，中级社会工作师。曾荣获第六届全国道德模范提名奖、首都道德模范、全国“助人为乐身边好人”、北京青年五四奖章、中国青年志愿者优秀个人、“北京榜样”十大年度榜样人物、北京市首批五星级志愿者、北京市“感动社区”十大年度人物、北京市志愿服务文化推广师、2017年福布斯中国30位30岁以下精英、全球青年领袖、首都精神文明建设奖等荣誉。

他积极投身公益事业，创建了“夕阳再晨”公益助老品牌，利用“互联网+公益创业”思维，搭建起覆盖19个城市25万老人的公益服务平台，带动北京、上海、山西、南京、河南、四川、湖南等地100余所高校志愿者帮助老年人快速融入信息化社会，荣获全国敬老文明号、中国青年志愿服务大赛全国金奖、“北京社会好人”上榜群体等荣誉。张佳鑫还发起了“高校正能量联盟”，带动全国26个省（自治区）的102所高校的206个公益团队每月开展“指尖的公益”“文明旅游”等公益项目，并荣获全国“创青春”公益创业类金奖，将新型公益理念惠及更多青年公益力量。此外，张佳鑫还带领“夕阳再晨”团队在北京、上海、四川等地的60余所高校开展项目，出版了37.8万余字的夕阳再晨系列图书，传播公益理念，分享公益项目案例经验。此外，他还探索出“互联网+公益创业”的活动模式，积极寻求用科技手段解决居家养老最后一公里问题，得到了社会的认可，受益者达25万余人次。

（十）最美专业化社区“当家人”张婧

东城区体育馆路街道双玉南街社区　张　婧

2009年，张婧成为一名社工。为掌握做好社会工作的知识理论，她考取了首都师范大学社会工作专业进修学习，经过刻苦努力，2012年，她取得了中级社会工作师资格。在社区工作中，她带领社区工作者运用专业社工知识、技能为居民办实事，解决居民生活困难。辖区内的天坛东里64号楼因老旧失修，下水管道经常堵塞，她经过多方协调，顺利为64号楼更换了上下水管；当看到因楼房无电梯、老年人上下楼困难时，她争取街道支持，积极联系电梯安装公司，挨家挨户做居民工作，终于成功为天坛东里50号楼的两个单元安装上了电梯，解决了老年人上下楼的难题。张婧还组建了“风信子”医务社工服务队，8年来为患者提供各类咨询、心理疏导、病房探访等专业化服务。

二、首都优秀社工（40人）

1.**卞海虹**，海淀区羊坊店街道西木楼社区书记、居委会主任。

西木楼社区是由四个社区合并而成的老旧型社区，产权单位13个，自然院落10座。社区没有物业，工作烦琐而复杂，走家串户就是卞海虹工作的常态，老百姓哪儿有需求，她的服务就跟进到哪里。

社区有七栋建于1957年砖木结构的居民楼，自入住以来一直采用蜂窝煤取暖，已经有50多年历史，为了解决好供暖问题，她协调推动区发改委、区市政市容委、燃气集团等相关部门到社区实地勘察调研5次，现场召开协调会7次，终于搭上了城乡接合部及农村暖气改造的“顺风车”。2016年12月13日社区内7栋楼三百多户居民家中全部用上了暖气。

在社区老旧楼改造过程中，7号楼的1门12户居民希望能改善居住环境、增加阳台，她就主动联系施工方和相关产权单位进行沟通协调，并在老旧楼改造过程中成立临时党支部，发挥楼门党员作用，通过多方协调努力，12户居民的心愿终于得到满足。

2.**陈祖兰**，石景山区木铎社会工作在事务所主任。

2013年至今创办了木铎社会工作事务所，组建团队扎根石景山区，提供的服务有面向困境未成年人的个案管理、随班就读儿童的社会支持服务、面向刑满释放人员的友善环境构建等，2016年成为4A级社会组织。2013年至今，带领木铎社会工作者团队在短短的三年之内开展个案跟进百余人，大小活动数百场，直接服务累计达到11000多人次，历次活动满意率均达到95%以上，获得了项目购买方、项目实施地、项目服务对象等各方的表彰和认可。服务范围囊括企业职工EAP服务、随班就读儿童融合服务、特殊家庭服务、公益创客培育服务和社区公益志愿服务五大类别。同时，协助团队获得多项荣誉，如石景山区优秀青少年社会组织、北京市志愿服务项目大赛金奖等荣誉。

3.**董素萍**，海淀区学院路街道健翔园社区党委书记、居委会主任

几年前，健翔园社区由于开发商遗留问题太多，加上回迁楼和商品楼业主利益不一致，以及业委会内部纷争引发社区矛盾重重，管理无序，人心涣散，邻里漠然。为了凝聚人心，董素萍从开展丰富多彩的社区活动及“开展志愿服务”这两个切入点入手，大力扶持并成立多个志愿服务团队，一手创建了“雨露园”“银发乐活在社区”“社区自治·轮席值日”和党建“4S”行动等一系列特色志愿服务项目。“雨露园”曾被评为北京市先进志愿服务项目，“社区自治·轮席值日”志愿服务项目也被评为海淀区基层党建工作创新示范项目。为进一步促进邻里交流互动，今年又在原志愿服务项目基础上，与北京城市学院北城心悦社工事务所合作，对该项目进行了进一步的优化和升级，“聚力健翔共享宜居”——“1+2”社区治理能力提升项目，目前正在社区开展。

4.杜丽娜，西城区大栅栏街道石头社区干部。

除了网格工作以外，杜丽娜还兼任福利专干、住保专干和社会化协管员，并负责部分低保工作。救助工作过程中，她以平等尊重的开放心态接纳每一位求助者， 2017年全年共教育救助9人次、大病或生活救助24人次、节日慰问60人次、优抚及残军等慰问12人次、两项补贴复核177人次、药费手工报销39人次、发放“一老一小”社保卡63张（18批次）、组织社会化退休人员参加活动112人次、完成2017年全年的事业人员和就业困难人员网上申报登记工作、核查未登记社保人员61人次、保障性住房申请家庭46户。她积极主动学习相关政策，同时进行入户摸底、制作困难居民底册，汇总相关数据，实时更新整理，确保数据准确无误，勤勤恳恳、兢兢业业，全力畅通民生政策落实的“最后一公里”。

5.郭继兰，海淀区清河街道美和园社区党委书记、居委会主任。

郭继兰时刻牢记百姓的冷暖，居民的满意是她不懈的追求。2018年夏天下大暴雨，平房区的居民院中因为排水不畅，积水过膝，居民的房子淹在水中，十分危险。她听到后第一时间赶到现场，多次联系相关部门进行疏通，直到险情排除。社区工作离不开辖区单位的支持，为了赢得驻区单位的支持，她多次联系相关单位负责人，协商共驻共建促社区发展的事项，不断深化区域化党建工作，与驻区单位联建，共同搞活动、解难题，极大地改善了群众的生活环境，不断提升社区居民的满意度和获得感。在街道党工委、办事处的领导支持与她的积极协调努力下，几年来老旧小区道路改造、安装便民座椅、晾衣竿、楼道扶手、无障碍改造、安装路灯、更换楼道照明灯等工作，无不凝聚着她辛勤的汗水和付出。

6.**郭瑞**，西城区月坛人民调解中心主任。

长期以来，郭瑞以北京人口最多的月坛街道为中心，面向全区建立起法律服务网络，为社区居民提供多种形式的便民法律服务与人民调解服务，构建了以为妇女和老年人特殊群体为重点的服务模式，受到了社区群众的认可和欢迎。在基层人民调解工作领域做出了突出贡献。先后获得全国和市、区20多项嘉奖，包括：全国妇女巾帼建功立业标兵、北京市三八红旗奖章荣誉、“平凡女性，感动西城”十大典型人物、首都巾帼志愿者之星荣誉、北京“孝星”、首都巾帼志愿者之星荣誉、北京市法制教育先进个人、西城区法律援助先进个人、西城区妇联优秀执委、西城区妇联妇女调研工作先进个人、西城区志愿工作先进个人等。其所在的西城区律苑老年维权服务中心，也在2016年获得全国老龄委、民政部、司法部、公安部、最高人民法院、最高人民检察院六部委联合颁发的“老年维权先进集体”荣誉称号。

7.**郭艳春**，平谷区滨河街道平粮社区专职副书记。

工作了26年，当过16年教师，干了10年社区工作，但不管怎样，“认真、奉献”始终不离她的左右。为了更好地服务居民，即使工作再忙，她也不忘学习，这几年，她通过了助理社会工作师、社会工作师的考试、生殖健康咨询师的考试，她用专业知识去解民情答民意，她爱岗敬业，把专业工作做得有条不紊。社区工作直接面对居民，琐碎而庞杂，涉及生活的方方面面，她对居民真心付出，做到了眼勤、腿勤、手勤、口勤，她与居民面对面地交流、沟通，深得群众赞许，被居民称为“服务贴心人”，被同事称为“大能人”，她成为大家公认的业务能手和专业骨干。

8.**胡舜琴**，东城区社会工作者联合会项目主管。

自1999年从事社工工作以来，胡舜琴先后在丰台利智康复中心服务心智障碍者，在石景山衙门口村服务流动儿童，在前门大江社区做社区工作者……丰富的经验、帮助善学乐思的她率先探索开创了多种社会工作新模式。

在大江社区，率先开展了引入了专业机构参与服务，探索社区工作项目化运作的方式。率先推出社区老年人相互支持，相互陪伴的居家养老模式，缓解了社区的矛盾，让老年人过上有期待的生活。大江社区居委会在2014年被评为北京市的为老服务先进单位。多次向东城区其他街道社区分享项目实践经验。

9.**胡洋**，北京市西城区睦邻社会工作事务所担任副总干事，党支部书记。

在北京市西城区睦邻社会工作事务所工作期间，他以企业EAP（员工帮助计划）理论为指导，在西城区多个街道的多个商务楼宇中开展了“新特色汇聚新力量——商务楼宇党建创新项目”“粉出色”——商务楼宇女性职工帮助计划、“区域化团建项目——师友计划”等大型项目活动，积极探索楼宇企业社工与党建服务、工会服务、妇女服务的新路径，取得了明显成效。2016年9月，他和他的团队承担的北京市总工会购买社会组织服务项目、“工企联动·三级覆盖——社工助推工会服务项目”，从街道、社区、楼宇工作站三级层面开展相对应的基层工会的服务活动，促进了工会与企业和企业职工之间的关系。该项目开展各类主题活动17次，覆盖楼宇企业60家，受益者达1000人次，其中非公企业职工受益人次为800人次，服务对象的满意率达90%以上。该项目获2015年市总工会购买社会组织类服务项目金奖。

10.**金慧**，北京市朝阳区团结湖街道中路北社区党委书记。

抓好平台载体建设。规范社区党建协调委员会分会、居民议事厅等共商共治平台。2017年新增党建活动阵地17个。打造党群信息平台，利用街道的智慧党建、彤馨党社互动站及社区微信公众号等数字化平台，设立党建专版，老党员们过上了线上党组织生活。

建阵地规范有序发展。为了擦亮“司堃范志愿者爱心工作室”这个老品牌，促使其在新形势下发挥新作用，金慧积极链接资源，引入朝阳医院、团结湖医院的专业力量，医护人员定期到社区服务，使工作室向专业化发展。

重文化凝聚社区力量。金慧书记借助街道文化中心坐落于社区内的优势，突出文化引领，指导社区成立了9支文体队伍。围绕弘扬社会主义核心价值观，以“我们的节日”“未成年人教育”为主线，开展各类传统文化活动，提升居民的参与度和归属感，并逐渐从自益型组织向互益型组织转变。

11.**李欢欢**，大兴区众合社会工作事务所总干事。

在她的带领下，团队先后为6个社区开设了小学生课后“四点半”课堂，为300多个职工家庭减轻负担；建立社区家庭综合服务点8个，为社区2000多个家庭提供个别化和综合性服务；帮助残疾人家庭、大病家庭、空巢家庭和低保家庭等300多户，为这些家庭筹集社会救助资金3万多元；为1300多人次临出监女性提供法律、职业技能培训，开设社会融合和支持小组，帮助她们重拾生活的信念和信心；在社区开展法律服务、安全教育、文化服务活动千余场，有效地推动了社区建设和发展。作为党支部书记，她始终抓党建工作不放松，将党建工作与服务工作相结合，不断解放思想，取得了一个又一个的佳绩。2016年获得大兴区“最佳社会组织”奖，“小小蘑菇伞”项目获得“最赞服务项目”称号，2016年由北京市民政局挂牌社会工作实习实训基地，获北京市文明办“首度学雷锋志愿服务示范站”称号。

12.**李鑫**，2009年2月任枣苑社区党委副书记。

李鑫在日常工作中不断积累经验，逐渐摸索出将专业社会工作理念与党建工作相结合的社区发展模式。

2017年8月，李鑫在社区建立两个专业个案工作小组，运用小组工作法组织组员开展个案工作，对案主进行深度访谈，将党建工作、心理服务与专业工作方法进行有机结合，引导案主重新走进社区、走进社会。2018年6月在东花市街道社区办的支持和东城区民政局的推荐下申报了《北京市优秀社工工作案例》的评选活动。2017年，在东城区民政局开展的“一街一社工”督导培训项目中，李鑫建立了“启明星再行动工作坊——特别关注小组”，组织6个街道的社工开始小组工作，并通自身建设提高社工的专业素质。2018年9月，李鑫成为“东城区优秀书记及后备人才库成员”，并参加东城区组织的专业党建工作培训，进行模拟现场活动分享。

13.**李兴华**，朝阳区民和社会工作事务所主任。

为了更好地推动地区公益事业发展，她带领民和不断创新和探索。2016年，在李兴华的带领下，成立了全国首个由专业社工机构发起成立的社区基金会，为社会组织在社区慈善领域开辟出一条新的路径，对促进社会组织的跨越式发展具有非常重要的指导意义和实践意义。李兴华非常重视党建工作，带头成立北京社区基金会首个党支部，并以“一个支部，一座堡垒，一名党员，一面旗帜”作为工作的基石。基金会有效整合各类社会资源，通过社会爱心人士、爱心企业捐助的资金开展各项公益活动，带动社会力量参与公益事业。基金会成立后筹资修建了通惠河畔跨河人行桥，为周边产业园区员工和附近居民解决了极大的出行问题，通桥后居民步行十分钟便可到达四惠东地铁站。此外，基金会还打造了党建品牌创建服务，承接了朝阳区多个街乡的党建品牌建设项目，树立了党建服务的标杆。

14.**刘红艳**，昌平区昌雨春童康复中心主任。

刘红艳深受家长喜爱。她引进先进的教学理念，转变家长观念，链接社会资源，成立家长手工坊，为弱势群体代言。她走近家庭与家长沟通，理解家长苦衷，乐于为家长发声，为孩子们有尊严有品质的生活而不断努力。

她是一个优秀的业务人员。她对教学督导工作非常重视，经常与老师们一起讨论如何改善教学方法，她的理论和方法通常使老师们茅塞顿开、受益匪浅。她常常在行业中毫无保留地将自己多年的教学经验传授给同行，成为同行业的领头羊。

她更是一位具有前瞻性的领导。2015年成立社区生活教室，创办事务所，2016年成立党支部。面对不断出现的新问题、新困难，她迎头而上、迎刃而解。凭着对学生的热爱和对特教事业的执着追求，她用更多的耐心去处理，用更多的精力去思考。她让我们坚信：刘老师有能力播种更大的希望，让学生们收获更多的幸福与快乐!

15.**刘艳霞**，通州区中仓街道四员厅社区党总支书记、居委会主任。

刘艳霞以党建为己任，带领社区一班人为居民提供了全方位的服务。2018年，刘艳霞在工作中积极践行“四有四服务”基层党建工作模式，以街道社区党组织为核心，通过统筹强化各领域的组织共建、资源共享、力量共融，并充分发挥在职党员的作用，每月组织在职党员服务社区的各项服务活动，让群众生活得更方便、更舒心、更美好。四员厅社区积极利用“支部有帮手”中的志愿服务联盟，与爱康志愿者服务队进行对接，为辖区居民带来一场服务盛宴。她通过“走问式服务”多方调研，更加具体地了解了居民的诉求——既要环境干净整洁，也希望能有点花花草草点缀小区环境。在社区与街道的努力下，水月院16号院和18号院装配了40个小花坛。她组织党员、志愿者在小区的小花坛里栽种了金盏菊、玻璃海棠等。刘艳霞以党建为引领服务社区的举措还有数不胜数，近两年来，四员厅旧貌换新颜。

16.**柳春英**，海淀区海淀街道小南庄社区党委书记、居委会主任、服务站站长。

自2003年1月到社区工作以来，她为社区居民解决了一件又一件烦心事，社区居民亲切称她为“守护天使”。

小南庄社区建成年代早，老旧小区最初的整体规划相对滞后，对车位配置的需求预估不足。

为解决好停车难题，柳春英带领社区警务团队成员利用业余时间，花费4个月的时间，挨家挨户走访入户同在的居民和机动车主，就如何管理小区停车问题，征求广大社区居民意见。2018年3月20日正式成立小南庄社区停车自治管理委员会，作为社区党委书记，她从运作停车自治到自治管理取得实效，她一直亲力亲为对自管会进行指导和监管，在她的带领下，小南庄社区停车难问题终于得到了改善缓解，同时她的真心也换来居民们的赞扬和支持!小区院内230个车位在她的指挥安排和社区居民的配合下得到了有效管理，收费率从以前的不到50%达到了98%。

17.**芦晓静**，朝阳区亚运村立德社会工作事务所副主任。

2008年，芦晓静作为一名社会工作专业的大学毕业生怀着美好的理想，投身社会工作事业。她积极秉承社会工作价值理念，克服困难，累计专业服务超过21000小时。她的服务涉及老年、残障、青少和社区治理，以专业服务解决社会问题，大胆创新，积累经验，从一线社工成长为全国百强机构的领导和专业督导。十年来，在社工岗位上做出了突出的成绩，在北京社工行业内具有良好的专业影响。在日常工作中，她注重发挥党员的作用。她提出“社工是有助人自助理念的共产党员”，要把党为人民服务的宗旨和提供专业服务追求公平正义、推动社会发展的目标结合起来。在“两学一做”学习教育中，她结合机构实际情况和组织特色，开展“做社工机构合格党员标准大讨论”“社工技能大比拼之微视频比赛”等，在增强党员带头作用和党性意识的同时，促进了机构社工专业技能的提升。

18.**吕翠倩**，北京仁怀社会工作服务中心总干事。

吕翠倩，毕业于香港理工大学社会工作专业。在香港从事青少年社会工作服务、家庭社会工作服务近5年，之后到北京从事社工专业服务及社工督导相关服务。作为一名香港社工，吕翠倩秉承着一颗专业之心，怀揣着为内地社工贡献一分力量的情怀，来到北京，走进四川、天津、江苏、河北、河南等地，传播她的所学所知，为当地社会工作的发展贡献绵薄之力，为前行中的社会工作事业增添了一缕炽热的火焰。5年来，她先后在北京厚德社会工作事务所担任督导部总监，后担任天津医科大学总医院医务社工服务站督导、北京仁怀社会工作服务中心特聘总干事、北京青少年社会工作协会总督导。她所指导培训的一线社工遍及海淀区、石景山区、丰台区和朝阳区，所开展的专业督导会不少于300场次。

19.**马丽勤**，大兴区天宫院街道海子角东里社区党支部书记、居委会主任。

海子角东里社区面积1.66平方公里，24栋楼房，两处平房院，总人口3000人，总户数1083户，流动人口1200余人，地处城乡接合处。社区人员构成有其他镇乡进城买楼的农民，有拆迁上楼的农民，有全国各地在此买房、租房的流动人口。

为了促进社区居民之间的融合交流，马丽勤在社区内组建了棋牌协会、养犬协会等各类以兴趣为主的协会；组建了各舞蹈艺术团、手工坊等各类文化队伍。通过各类协会，促进社区各群体的融合。

针对需要关怀的群体，马丽勤牵头组建了夕阳红助老协会，成立发展小组、成长小组、治疗小组三个社工小组，帮助青少年健康快乐地成长。

通过一项项实实在在的工作，保障了社区的和谐稳定。

20.**马淑娥**，密云区果园街道绿地社区党支部书记、居委会主任、服务站站长。

绿地社区现有常住人口中80%属于中青年人，为更好地开展针对性服务，在她的带领下，2014年6月社区成立了以“凝聚青年、娱乐青年、服务青年”为主旨的绿地社区青年汇。自社区青年汇成立以来，共开展学习培训、志愿公益、创业就业、运动健康、婚恋交友、文艺娱乐等各类活动，使青年汇成为了居民之间“手拉手、心贴心”的平台，受到了居民的欢迎与好评。2014年、2015年，社区青年汇、总干事、专职分别被市团委授予优秀社区青年汇、优秀总干事和优秀社工等荣誉。针对高层小区邻里沟通难、居民对物业服务问题反映多、居民了解社区活动情况渠道少等问题，她带领社区支部利用大数据设立了党建引领社区基层治理服务“果园e家园”手机APP服务平台，打造了网上邻里和谐之家。

21.**毛亚斌**，北京普盈律师事务所主任。

2017—2018年度，毛亚斌律师作为北京普盈律师事务所党支部书记、朝外第一党支部书记（兼），能够积极带领党员律师和团队律师深入社区，积极开展法律服务村居行活动，通过法律咨询工作、以案说法法律讲座、社区纠纷调解、发放法律服务便民卡、纠纷调解经验交流活动、普法宣传工作等多种形式，参与社区普法公益事业，为人民群众排忧解难，促进了社区的和谐稳定。在朝阳区、西城区、东城区、大兴区、海淀区等地区的30多个社区和服务站，毛亚斌律师带领大家为居民解答了近3000个法律问题，开展法律讲座近60场，参加达2000多人次，发放了法律服务便民卡20000多张、《以案说法》宣传手册4000多册，律师团队接待、调解各类纠纷案件近200件。同时为牛街地区法律宣传墙编写了近100幅以案释法的小故事。

22.**乔秀苹**，丰台区右安门街道开阳里第四社区党委书记。

以党员承诺为引领，延续党员“学分银行”长效机制。乔秀苹带领社区党委构建“学分银行”表彰机制，“学分银行”根据每个党员参加活动积累学分，将原有的党员设岗定责、结对帮扶、治安巡逻、党员学习、党员志愿服务等活动都和“学分银行”结合，对党员进行细致的分类管理，通过严格、规范的记录和计算，对表现突出的党员，年底进行公示，树立先进典型和学习的榜样，解决党员参加活动积极性不高的问题。

24号院为原玛钢厂宿舍楼，老旧小区环境脏乱差，游商为躲避监管进院，造成了治安、交通诸多隐患。乔秀苹发动党员及志愿者对24号院进行环境大清理，挨家挨户做思想工作，做通一家，清理一家。清理过后，社区对24号院进行封闭管理，安装了技防设施，粉刷了楼道，改造了平房公厕、门卫室。环境整洁了，治安提升了，居民为社区送来了锦旗。

23.**时小勇**，房山区睿诚社会工作事务所主任。

时小勇自任职于睿诚社会工作事务所所长一职后，先后在全区社区工作者中开展了“三个百人才培养工程”，即培养百名家庭园艺专业人才、百名心理咨询专业人才、百名养老护理专业人才等项目。截至目前，已成功举办了心理咨询技能培训，并组织学员参加“全国心理咨询师（三级）”资格考试，全区社工通过率达到44%；家庭园艺专业技能培训，经过60学时理论知识与实际操作能力的课程学习，100名社工获得了家庭园艺专业资格证。通过开通培训，取得了好的成果的同时，也受到了领导和社工学员们的一致好评，通过发挥社工骨干力量作用，带动社会建设各个领域队伍的整体进步。2016年睿诚社工事务所又承接了社会组织服务中心的运营管理，时小勇带领团队通过对房山区社会领域内的多家社工组织一对一的能力辅导、专业课程的培训、专家讲座等形式，截至目前已成功孵化19家社会组织。

24.**王冬华**，延庆区百泉街道舜泽园社区党支部书记、居委会主任。

王冬华注重发挥组织的力量，党建惠民解难题。在舜泽园社区党支部的带领下，积极探索“走动式工作法”，组织党员、居民代表及业主代表，定期每周一深入社区，通过走访、巡视、入楼门等形式，采取走、听、看、记、论、答等方式组织党员、居民代表及业主代表召开联席会、评议会，了解征集了困扰居民们五六年亟待解决的小区改造重点难点问题。她将征集的问题按照严重程度、难易程度逐一进行梳理。连续多日找上级领导、物业公司等相关部门进行沟通、协调，最终申请下了改造项目。改造前期，她带领居委会干部挨家挨户发放宣传通知，逐个协调挡道车辆，早上7点到晚上8点，工地上经常出现她的身影。正是她的努力、细致和辛劳的付出，小区环境发生了翻天覆地的变化，小区改造后交通井然有序，破损路面焕然一新、扰民现象基本根治，社区居民纷纷对她交口称赞。

25.**王立宏**，北京市协作者社会工作发展中心教育倡导部副主任。

11年来，王立宏从一名社会工作毕业生成长为专业社会工作者，始终坚守在社会工作实务前沿。2013年，她在北京协作者团队支持下，主持北京市首批“三社联动”试点项目。项目开展两年多以来，实施了8 个社会工作重点示范项目，推动该地区以“三社联动”工作机制实施开展8个社区自管项目、41个社区公益金项目，并成功支持该地区获得15个市区政府购买服务项目；东风地区“三社联动”工作开展近400次专业服务活动，使27000余人次的居民受益，并培育指导100余位社区社会工作者，30 余位主责社会工作者获得社会工作专业能力的提升；推动地区社会工作者协会发展，培育孵化地区社会组织联合会成立，推动地区78个社区社会组织发展。获得国家民政部、北京市民政局、朝阳区农委等各级领导的认可，以及社会工作者、社区居民、社区社会组织负责人的肯定。

26.**王秋双**，房山区城关街道永乐园社区干部。

从2010年8月成为一名大学生社工至今，王秋双已经成长为一名优秀的社区工作者。永乐园社区志愿者队是一支非常活跃的队伍，她与志愿者们一起定期入户到高龄老人、独居老人家开展陪伴服务，与老人聊天、为他们读书读报；对于行动不便的老年人、残疾人，开展帮扶活动，为老人打扫房间、洗衣服。不仅日常在社区开展安全巡逻和安全检查，每到重大节日、召开重大会议的时候，王秋双等还会身穿红马甲、佩戴红袖标在社区门口执勤，通过自己的行动，保障社区安全。2016年王秋霜获得了“北京市五星级志愿者”的荣誉称号。志愿服务，帮助王秋双更为深入了解了居民所需所想，增强了工作本领与工作热情，在社区民政、统计、团支部工作中，均有出色的表现。

27.**王旭**，顺义区旺泉街道牡丹苑社区党支部书记。

八年来，王旭坚持每天记工作日记，分析成功与失误，写下心得体会，积累工作经验和方法。她创新工作方法，推行“全能社工”队伍建设，实现社工由“专业单项”向“一专多能”转变，极大地提高了办事服务效率。为了提高服务质量，她推广“定制服务”，开展“三个一”服务活动，提升居民幸福感，依托“私人定制”项目，开通预约、上门等定制服务，社区服务取得良好成效。她结合社区老人多小孩多的特点，通过多方协调，走访调查，利用专业优势，组建了一支专业队伍，探索出了一条服务社区的新途径，她创建了“58社工联动站”，在社区内创新开展小组、个案工作等。在她的带领下，牡丹苑社区通过创建“党建顾问团”增强了班子工作合力；通过推出安家工程、党员之窗、党员一日服务岗、先锋助长、十图一册等多项举措，提升了社区服务水平。

28.**吴萍**，丰台区太平桥街道西里社区党委书记。

太平桥街道西里社区建成年代早，产权单位多，物业管理不到位，基础设施配套不齐，环境脏乱等问题突出。2016年在她的积极呼吁下，争取市、区、街投资2000余万资金的“太西里区域环境提升项目”正式启动。她带领两委一站工作人员把推进这一工程作为中心工作来做，通过“拆、关、治、理”四步为下一阶段小区环境提升奠定基础。一是配合街道“拆”除小区违建50多间，共计4000多平方米；二是主动出击，“关”停地下室8处、人防工程6处，疏散流动人口约800余人；三是完成流动商贩市场街整“治”，2016年初社区市场一条街整体改造完成后，经多方协调，在原有街面新建了300多平方米的廉政文化墙，彻底根除过去污水横流、占道经营的无序现象；四是“理”顺小区硬件设施，完成社区四条内部干道路灯安装工程，建成3250平方米休闲文化娱乐广场。

小区的整体环境有了翻天覆地的变化。

29.**吴云卿**，西城区睦友社会工作事务所副总干事。

先后在西城区银龄老年公寓新街口街道福寿轩敬老院、西长安街街道银轩敬老中心及什刹海街道金秋园敬老院开展专业社会工作服务。撰写完成街道级养老机构服务模式，编写完成案例5篇、服务模式1篇，其中实务案例《浅析社区敬老院发展模式——社区敬老院与日间照料所的有机结合》《从社工实务经验谈个案会谈的影响性技巧》入选西城区社会工作者联合会刊物《西城社工》，实务案例《对焦虑老人的情绪疏导》《组建时事小组　发挥老人余热》入选中国社会工作协会《全国社会工作实务创新优秀案例》。

2016年至今，吴云卿担任西城区睦友社会工作事务所副总干事，并担任西城区社工委“社区心理支持服务专项能力培训”讲师，将自己多年来积累的项目管理经验传递给全区的优秀社区工作者，协助更广大的社会工作者队伍提升能力，为服务对象带去更加优质的服务。

30.**徐爱民**，朝阳区朝外街道吉庆里社区党委书记。

在社区建设中，徐爱民十分注重想点子、寻特色、找思路、出方案。经过多年的实践，他把社区建设的总体布局确定为：实现“网格化”党建，健全社区组织网；加强资源统筹，完善社区治理网；发挥先锋作用，织密为民服务网。推进社区的组织网、治理网、服务网三网融合。在这一思想的指导下，充分发挥各要素的合力，为工体西里小区修建了智能车棚，解决了道路拥塞、车辆乱停等长期困扰居民的难题；为朝北12号楼修建了休闲花廊，美化了环境；为工体西里小区修建了文化长廊，使中国传统文化与现代都市生活完美融合；为社区居民安装了智能门禁，提升了居民的安全感。从设施与功能、空间与交往、生活与生态等多角度、全方位满足了居民全生命周期和谐宜居的需要，社区治理向精细化迈进了一大步，被朝阳区树立为“全要素精品小区”典范。

31.**徐立斌**，北京市珍爱孤独症儿童康复中心主任。

2012年，协助通州区宏远启智孤独症儿童康复中心组建社会服务部，组织开展专业性社会公益服务项目，并筹建北京市珍爱孤独症儿童康复中心，在他的不断努力下，机构从2009年的一家教育公司发展成现在的公益联盟，先后注册成立北京宏远启智智障人士服务中心、北京珍爱孤独症儿童康复中心、唐山教育中心等社会企业、北京青檬志愿者联盟等机构，为自闭症、脑瘫患儿提供康复及托管服务，运用社工+志愿者模式带动机构员工、社会爱心人士及企业、团体参与到助残事业中来，机构80名员工全部注册为北京实名志愿者，有效地带动了员工情绪，提高了团队建设效果，同时也提升了机构知名度，对组建北京市珍爱孤独症儿童服务中心做出了不可替代的贡献。他的公益组织注册志愿者人数已超过7000人，累计服务38万余小时，与40余家机构对接，其个人为社会奉献志愿服务9000余小时。

32.**闫铃**，荣耀爱心慈善义工服务队队长。

五星级志愿者，北京市志愿文化宣讲员，全职公益人。从2013年开始投身公益，对志愿服务有极大的热情和强烈的社会责任感，心怀感恩，用全部的热情和精力投入志愿服务。愿意为推动社会进步、建立和谐社会奉献自己的余生。数年来她用宝贵的年华服务于助小、助老及社会需要的地方，以收获的大量感动，写下近30万字的公益日记和300余篇公益体会和活动简讯，这些文字洋溢着公益人的情怀、记录着人间冷暖、传播着爱和感动。慈善义工公益服务开展至今，她自愿奉献个人的交通工具和个人资源的全部用于服务慈善义工公益事业，为残疾人购买生活用品，为失独老人家庭过生日，过年为青海玉树孤儿捐款发红包，为太阳村孩子付出助养费、过年红包、各种爱心捐款助贫及认养葡萄树，捐助松堂老人的爱心小屋，为老人买食品及各种活动中产生的费用付出约达十五万余元。

33.**伊然**，昌平区回龙观镇龙泽苑社区党支部书记、居委会主任。

龙泽苑社区位于地铁13号线对面，现有楼宇36栋，住宅2005户，人口6800余人，其中60岁以上人口1300多人，0至12岁人口500余人。社区最大的特点就是老人多、孩子多、车辆多。针对社区老人多、孩子多、流动人口多的特点，伊然带领社区党支部多方协调，建立健全“一厅三组”参与式协商模式，有效解决社区各种矛盾纠纷和热点问题。“一厅”即由支部牵头、党员主导、多方参与的“社区议事厅”。“三组”

即“龙之声”共建共享小组，协商与物业服务相关的问题；“阳光管家”经费使用小组，协商与社区发展相关的事项；“魅力龙泽”楼门长小组，协商社区文明建设方面的事项。近年来，社区“议事厅”已成功协商解决永辉超市扰民、物业供暖不热等问题，为促进社区和谐发展和居民自治发挥了重要作用。

34.**张宝荣**，东城区朝阳门街道向日葵工作站禁毒社工。

朝阳门街道现有在册吸毒人员76名，其中社戒8人、社康2人，常住30人，人户分离46人，其中住在本区 8人，住在外区36人，住在外省2人，其中空挂无房 22人，目前没有一人脱失，均能保持联络畅通，这其中包含着张宝荣和其他工作人员的辛勤付出和强烈的事业心、责任感。在做好吸毒人员管理的同时，张宝荣积极主动做好经常性禁毒宣传教育工作。禁毒宣传月与大家一起开展多种形式的活动：辖区新鲜胡同小学，是东城区青少年禁毒教育基地，她与学校领导密切配合，邀请天康所警官到学校给同学们讲课；深入社区组织居民禁毒宣传；与辖区企业联合开展禁毒活动；自备讲稿利用社区七彩假日给孩子们讲课，亲自编写禁毒知识答卷，组织禁毒志愿者参加，使大家更深入了解禁毒知识，掌握政策，扩大宣传力度。

35.**张杰**，怀柔区怀青社会工作事务所理事长。

2016年4月，张杰牵头成立了怀青社会工作事务所。至今，通过政府购买社会服务的形式，运用专业社会工作手法，先后承接了敬老助残志愿服务项目和外来务工人员子女城市融入帮扶计划。服务对象包括空巢老人、残疾青少年、外来务工人员子女及贫困青少年。根据项目需求，共组织开展活动120余场，近2000人受益。通过系统的调研和丰富多彩的活动，给老人们带来了暖心的关怀和社会的关爱；给农民工子女和贫困的青少年们搭建了开拓视野、学习技能、树立自信的新平台，让他们能更快融入精彩的生活。通过资源的不断整合让社会组织在解决部分社会问题的道路上发光发亮，继续前行。专业的社会工作理念和工作手法让所承接项目的活动质量有保障，无论是对服务对象隐私的保护还是项目执行人员的各项培训，都能看出专业社工机构的认真和严谨，时刻把服务对象的需求作为重要的参考，以确保达到良好的效果。

36.**张金春**，石景山区恩泽社会工作事务所主任、党支部书记。

乐做服务社工的“小旗手”。为提高社工队伍的整体素质，他专门安排员工去学习相关业务知识培训，社工的专业能力和业务素质不断提升，具备了承担大项任务的专业水准。

乐做服务老街坊的“小蜜蜂”。张金春注重区分各个年龄段、不同需求的老街坊们的特点，分门别类设计服务活动。张金春还积极宣传老街坊品牌，组织作家、记者采访了100名优秀社工、老街坊的典型事迹，汇编成《石景山老街坊案例集》出版发行。

乐做服务创城的“小喇叭”。石景山区参选全国文明城区评选活动期间，张金春率先成立了由作家、摄影家、记者等30多人组成的“小喇叭文明宣传老街坊志愿服务队”。同时，张金春带领400多名志愿者，每周至少组织一次护水、环保、礼让斑马线等社会公益活动。张金春还挑选优秀设计师创作创城宣传作品，为区政府委办局、各街道和社区策划、设计、制作海报、宣传册、书籍等几十万份的宣传品。

37.**张晶**，顺义区石园街道五里仓第二社区党总支书记、居委会主任。

2004年9月走上社区工作者岗位后，张晶就把居民的事当成自己的事，凭着真心真情，获得了居民的交口称赞。她走遍了所有党员户、老干部家庭、低保户和残疾人家庭，每一家的大事小情都装在她的心里。“我总是大小便失禁，这被子褥子总是没地方晒”“咱们楼这台阶可真是不咋样，第一个台阶只有15公分，这脚都下不去，您看看能不能改一改”……居民的诉求，在她的推动下，变成了一个个实实在在的惠民承诺兑现事实，在街道工委的认同下，辖区统一建起了顺义区首批的公共晾衣架，楼梯台阶加宽了，崭新的座椅换上了。小区二期改造工程进入了关键期，车位铺砖、路面铺油儿，小区停车成了大难题，张晶主动积极协调社区周边商业广场，利用时差给居民夜间停车。一件件为民举措，让老百生竖起了大拇指。

38.张强，密云区鼓楼街道爱众社会工作发展中心副主任。

作为曾经的刑满释放人员，张强利用业余时间积极投身公益，以志愿者身份到龙海小学、大兴一职、红星中学、泰和中学等二十余家单位，用自己的亲身经历教育中小学生端正自己的人生观，收到了良好的效果。目前，他所做的现身说法类宣讲已达到五十余场，受益人数超过10000人。他还积极参加大兴区志愿经理人培训，在大兴区社会组织发展中心申请入壳孵化自己的社会组织。2016年，张强和他的团队——爱众志愿服务队策划执行了“欢迎回家”和“小强法制宣讲团”线上普法讲座志愿服务品牌项目，为届临出监的服刑人员开展回归社会讲座，并积极对接政府、企业及社会资源，为刑满释放人员安置工作。截至2017年底，爱众志愿服务队共帮助12名刑释人员实现就业，为约五十名刑释人员电话解答包括回归接驳手续、社保政策等问题，为约八百名届临出监的服刑人员开展社会形势等内容的出监讲座。

39.张淑英，2015年5月任天坛街道金鱼池西区社区党委书记。

张淑英把服务居民群众作为社区开展工作的基本立足点，积极整合辖区资源，打造了一支支志愿者服务队，为居民提供健康保健、环境整治、排忧解难等全方位的服务。利用社区挂职干部单位资源，与东城区第六医院党委达成共识，创建“金西1+1邻里守望健康志愿者服务队”，长期开展便民服务活动。组织老党员、社区志愿者、社区居民及中小学生组成“爱心”志愿者服务队，维护社区环境；成立金西在职党员“微心愿”志愿者服务队。根据居民需求，按照“发挥特长、志愿参与”原则与97名在职党员签订了认领岗位责任书。真正做到了为居民做实事办好事，进一步激发了在职党员服务社区、奉献社区、回报社区的热情和参与社区自治、共治的主动性。

40.**赵云云**，北京芳华社会工作服务发展中心评估研究部部长。

她充分发挥自身优势，积极思考，不断探索创新工作方式。一是全过程参与设计、实施管理弱势家庭综合服务、生命“女”程——职场女性自主发展计划、妇女儿童专业社工综合服务体系探索等项目。弱势家庭综合服务项目、生命“女”程——中年职场女性自主发展计划项目、妇女儿童专业社工综合服务体系探索项目，搭建起妇女儿童专业社工服务的框架。二是与团队一起筹备建立了北京市首个家庭综合服务实体——北京高碑店村芳华家庭成长乐园，探索建立由“多元化的普惠型服务、聚焦社区的综合式服务、特殊群体的差别化服务”构成的立体家庭综合服务体系。三是参与编写《妇女儿童社会服务案例集》和《北京市妇联社会建设30年大事记》，整理编撰了《弱势家庭综合服务案例集》和《北京市妇联系统妇女儿童专业社工服务案例》等。